TRANSLATED

Translated Language Learning

The Communist Manifesto

A Kommunista Kiáltvány

Karl Marx & Friedrich Engels

English / Magyar

Copyright © 2024 Tranzlaty

All rights reserved.

Published by Tranzlaty

ISBN: 978-1-83566-470-4

Original text by Karl Marx and Friedrich Engels

The Communist Manifesto

First published in 1848

www.tranzlaty.com

Introduction
Bevezetés

A spectre is haunting Europe — the spectre of Communism
Egy kísértet kísérti Európát – a kommunizmus kísértete
All the Powers of old Europe have entered into a holy alliance to exorcise this spectre
A régi Európa minden hatalma szent szövetségre lépett, hogy kiűzze ezt a kísértetet
Pope and Czar, Metternich and Guizot, French Radicals and German police-spies
Pápa és cár, Metternich és Guizot, francia radikálisok és német rendőrkémek
Where is the party in opposition that has not been decried as Communistic by its opponents in power?
Hol van az ellenzéki párt, amelyet hatalmon lévő ellenfelei nem bélyegeztek kommunistának?
Where is the Opposition that has not hurled back the branding reproach of Communism, against the more advanced opposition parties?
Hol van az az ellenzék, amely nem vetette vissza a kommunizmus gyalázatát a fejlettebb ellenzéki pártokkal szemben?
And where is the party that has not made the accusation against its reactionary adversaries?
És hol van az a párt, amely nem vádolta reakciós ellenfeleit?
Two things result from this fact
Ebből a tényből két dolog következik:
I. Communism is already acknowledged by all European Powers to be itself a Power
I. A kommunizmust már minden európai hatalom hatalomnak ismeri el
II. It is high time that Communists should openly, in the face of the whole world, publish their views, aims and tendencies

II. Legfőbb ideje, hogy a kommunisták nyíltan, az egész világ előtt közzétegyék nézeteiket, céljaikat és tendenciáikat

they must meet this nursery tale of the Spectre of Communism with a Manifesto of the party itself

a kommunizmus kísértetének ezt a bölcsődei meséjét magának a pártnak a kiáltványával kell találkozniuk

To this end, Communists of various nationalities have assembled in London and sketched the following Manifesto

E célból különböző nemzetiségű kommunisták gyűltek össze Londonban, és felvázolták a következő kiáltványt

this manifesto is to be published in the English, French, German, Italian, Flemish and Danish languages

ezt a kiáltványt angol, francia, német, olasz, flamand és dán nyelven kell közzétenni

And now it is to be published in all the languages that Tranzlaty offers

És most minden nyelven közzé kell tenni, amelyet a Tranzlaty kínál

Bourgeois and the Proletarians
Burzsoá és proletárok

The history of all hitherto existing societies is the history of class struggles

Minden eddig létező társadalom története az osztályharcok története

Freeman and slave, patrician and plebeian, lord and serf, guild-master and journeyman

Szabad ember és rabszolga, patrícius és plebejus, úr és jobbágy, céhmester és vándor

in a word, oppressor and oppressed

Egyszóval, elnyomó és elnyomott

these social classes stood in constant opposition to one another

Ezek a társadalmi osztályok állandó ellentétben álltak egymással

they carried on an uninterrupted fight. Now hidden, now open

Megszakítás nélkül harcoltak. Most rejtve, most nyitva

a fight that either ended in a revolutionary re-constitution of society at large

egy harc, amely vagy a társadalom egészének forradalmi újraalkotmányozásával végződött

or a fight that ended in the common ruin of the contending classes

vagy egy harc, amely a versengő osztályok közös pusztulásával végződött

let us look back to the earlier epochs of history

Tekintsünk vissza a történelem korábbi korszakaira

we find almost everywhere a complicated arrangement of society into various orders

Szinte mindenütt a társadalom bonyolult elrendezését találjuk különböző rendekbe

there has always been a manifold gradation of social rank

a társadalmi rang mindig is sokrétű fokozatban különbözött

In ancient Rome we have patricians, knights, plebeians, slaves

Az ókori Rómában patríciusok, lovagok, plebejusok, rabszolgák vannak

in the Middle Ages: feudal lords, vassals, guild-masters, journeymen, apprentices, serfs

a középkorban: feudális urak, vazallusok, céhmesterek, vándorok, tanoncok, jobbágyok

in almost all of these classes, again, subordinate gradations

Szinte mindegyik osztályban ismét alárendelt fokozatok

The modern Bourgeoisie society has sprouted from the ruins of feudal society

A modern burzsoázia társadalma a feudális társadalom romjaiból nőtt ki

but this new social order has not done away with class antagonisms

De ez az új társadalmi rend nem szüntette meg az osztályellentéteket

It has but established new classes and new conditions of oppression

Csak új osztályokat és az elnyomás új feltételeit hozta létre

it has established new forms of struggle in place of the old ones

a harc új formáit hozta létre a régiek helyett

however, the epoch we find ourselves in possesses one distinctive feature

A kornak azonban, amelyben vagyunk, van egy megkülönböztető jegye

the epoch of the Bourgeoisie has simplified the class antagonisms

a burzsoázia korszaka egyszerűsítette az osztályellentéteket

Society as a whole is more and more splitting up into two great hostile camps

A társadalom egésze egyre inkább két nagy ellenséges táborra szakad

**two great social classes directly facing each other:
Bourgeoisie and Proletariat**
két nagy társadalmi osztály áll egymással szemben: a
burzsoázia és a proletariátus
**From the serfs of the Middle Ages sprang the chartered
burghers of the earliest towns**
A középkor jobbágyaiból származtak a legkorábbi városok
okleveles polgárai
**From these burgesses the first elements of the Bourgeoisie
were developed**
Ezekből a burgessekből fejlesztették ki a burzsoázia első
elemeit
The discovery of America and the rounding of the Cape
Amerika felfedezése és a Cape kerekítése
**these events opened up fresh ground for the rising
Bourgeoisie**
ezek az események új utat nyitottak a felemelkedő burzsoázia
számára
**The East-Indian and Chinese markets, the colonisation of
America, trade with the colonies**
A kelet-indiai és kínai piacok, Amerika gyarmatosítása,
kereskedelem a gyarmatokkal
**the increase in the means of exchange and in commodities
generally**
a csereeszközök és általában az áruk növekedése
**these events gave to commerce, navigation, and industry an
impulse never before known**
Ezek az események korábban soha nem látott lendületet adtak
a kereskedelemnek, a hajózásnak és az iparnak
**it gave rapid development to the revolutionary element in
the tottering feudal society**
Gyors fejlődést adott a forradalmi elemnek az ingadozó
feudális társadalomban
**closed guilds had monopolised the feudal system of
industrial production**

A zárt céhek monopolizálták az ipari termelés feudális rendszerét

but this no longer sufficed for the growing wants of the new markets

De ez már nem volt elegendő az új piacok növekvő igényeihez

The manufacturing system took the place of the feudal system of industry

A gyártási rendszer az ipar feudális rendszerének helyébe lépett

The guild-masters were pushed on one side by the manufacturing middle class

A céhmestereket a gyáros középosztály taszította félre

division of labour between the different corporate guilds vanished

A különböző vállalati céhek közötti munkamegosztás eltűnt

the division of labour penetrated each single workshop

A munkamegosztás minden egyes műhelybe behatolt

Meantime, the markets kept ever growing, and the demand ever rising

Eközben a piacok folyamatosan növekedtek, és a kereslet egyre nőtt

Even factories no longer sufficed to meet the demands

Már a gyárak sem voltak elegendőek az igények kielégítésére

Thereupon, steam and machinery revolutionised industrial production

Ezt követően a gőz és a gépek forradalmasították az ipari termelést

The place of manufacture was taken by the giant, Modern Industry

A gyártás helyét az óriás, a Modern Ipar vette át

the place of the industrial middle class was taken by industrial millionaires

Az ipari középosztály helyét ipari milliomosok vették át

the place of leaders of whole industrial armies were taken by the modern Bourgeoisie

az egész ipari hadsereg vezetőinek helyét a modern
burzsoázia vette át
**the discovery of America paved the way for modern industry
to establish the world market**
Amerika felfedezése kikövezte az utat a modern ipar számára
a világpiac létrehozásához
**This market gave an immense development to commerce,
navigation, and communication by land**
E piac óriási fejlődést hozott a kereskedelem, a hajózás és a
szárazföldi közlekedés számára
**This development has, in its time, reacted on the extension
of industry**
Ez a fejlemény a maga idejében reagált az ipar terjeszkedésére
**it reacted in proportion to how industry extended, and how
commerce, navigation and railways extended**
Arányosan reagált arra, ahogyan az ipar bővült, és ahogyan a
kereskedelem, a hajózás és a vasút bővült
**in the same proportion that the Bourgeoisie developed, they
increased their capital**
ugyanolyan arányban, ahogy a burzsoázia fejlődött, növelték
tőkéjüket
**and the Bourgeoisie pushed into the background every class
handed down from the Middle Ages**
és a burzsoázia háttérbe szorított minden osztályt, amelyet a
középkortól örököltek
**therefore the modern Bourgeoisie is itself the product of a
long course of development**
ezért a modern burzsoázia maga is hosszú fejlődés terméke
**we see it is a series of revolutions in the modes of
production and of exchange**
Látjuk, hogy ez a termelési és cseremódok forradalmainak
sorozata
**Each developmental Bourgeoisie step was accompanied by a
corresponding political advance**
A burzsoázia minden fejlődési lépését megfelelő politikai
előrelépés kísérte

An oppressed class under the sway of the feudal nobility
Egy elnyomott osztály a feudális nemesség uralma alatt
an armed and self-governing association in the mediaeval commune
Fegyveres és önkormányzattal rendelkező egyesület a középkori kommünben
here, an independent urban republic (as in Italy and Germany)
itt egy független városi köztársaság (mint Olaszországban és Németországban)
there, a taxable "third estate" of the monarchy (as in France)
ott a monarchia adóköteles "harmadik birtoka" (mint Franciaországban)
afterwards, in the period of manufacture proper
ezt követően a tulajdonképpeni gyártási időszakban
the Bourgeoisie served either the semi-feudal or the absolute monarchy
a burzsoázia vagy a félfeudális, vagy az abszolút monarchiát szolgálta
or the Bourgeoisie acted as a counterpoise against the nobility
vagy a burzsoázia ellenpólusként lépett fel a nemesség ellen
and, in fact, the Bourgeoisie was a corner-stone of the great monarchies in general
és valójában a burzsoázia általában a nagy monarchiák sarokköve volt
but Modern Industry and the world-market established itself since then
de a modern ipar és a világpiac azóta megvetette a lábát
and the Bourgeoisie has conquered for itself exclusive political sway
és a burzsoázia kizárólagos politikai befolyást szerzett magának
it achieved this political sway through the modern representative State

ezt a politikai befolyást a modern képviseleti államon
keresztül érte el
**The executives of the modern State are but a management
committee**
A modern állam végrehajtói nem mások, mint egy
intézőbizottság
**and they manage the common affairs of the whole of the
Bourgeoisie**
és ők intézik az egész burzsoázia közös ügyeit
**The Bourgeoisie, historically, has played a most
revolutionary part**
A burzsoázia történelmileg a legforradalmibb szerepet
játszotta
**wherever it got the upper hand, it put an end to all feudal,
patriarchal, and idyllic relations**
Ahol felülkerekedett, véget vetett minden feudális,
patriarchális és idilli kapcsolatnak
**It has pitilessly torn asunder the motley feudal ties that
bound man to his "natural superiors"**
Könyörtelenül széttépte azokat a tarka feudális kötelékeket,
amelyek az embert "természetes feletteseihez" kötötték
**and it has left remaining no nexus between man and man,
other than naked self-interest**
és nem maradt más kapcsolat ember és ember között, mint a
meztelen önérdek
**man's relations with one another have become nothing more
than callous "cash payment"**
Az ember egymáshoz való viszonya nem más, mint érzéketlen
"készpénzfizetés"
**It has drowned the most heavenly ecstasies of religious
fervour**
Elfojtotta a vallásos buzgalom legmennyeibb extázisát
**it has drowned chivalrous enthusiasm and philistine
sentimentalism**
Elfojtotta a lovagias lelkesedést és a filiszteus
szentimentalizmust

it has drowned these things in the icy water of egotistical calculation

Ezeket a dolgokat az egoista számítás jeges vizébe fojtotta

It has resolved personal worth into exchangeable value

A személyes értéket cserélhető értékké oldotta fel

it has replaced the numberless and indefeasible chartered freedoms

felváltotta a számtalan és elidegeníthetetlen chartert szabadságot

and it has set up a single, unconscionable freedom; Free Trade

és létrehozott egy egységes, lelkiismeretlen szabadságot; Szabadkereskedelem

In one word, it has done this for exploitation

Egyszóval ezt kizsákmányolás céljából tette

exploitation veiled by religious and political illusions

vallási és politikai illúziókkal leplezett kizsákmányolás

exploitation veiled by naked, shameless, direct, brutal exploitation

A meztelen, szégyentelen, közvetlen, brutális kizsákmányolással leplezett kizsákmányolás

the Bourgeoisie has stripped the halo off every previously honoured and revered occupation

a burzsoázia lehántotta a glóriát minden korábban tisztelt és tisztelt foglalkozásról

the physician, the lawyer, the priest, the poet, and the man of science

Az orvos, az ügyvéd, a pap, a költő és a tudomány embere

it has converted these distinguished workers into its paid wage labourers

Ezeket a kiváló munkásokat fizetett bérmunkásaivá változtatta

The Bourgeoisie has torn the sentimental veil away from the family

A burzsoázia letépte a szentimentális fátylat a családról

and it has reduced the family relation to a mere money relation

és a családi kapcsolatot puszta pénzbeli viszonyra redukálta
the brutal display of vigour in the Middle Ages which Reactionists so much admire
a középkori életerő brutális megnyilvánulása, amelyet a reakciósok annyira csodálnak
even this found its fitting complement in the most slothful indolence
Még ez is megtalálta a megfelelő kiegészítőjét a leglustább lustaságban
The Bourgeoisie has disclosed how all this came to pass
A burzsoázia nyilvánosságra hozta, hogyan történt mindez
The Bourgeoisie have been the first to show what man's activity can bring about
A burzsoázia volt az első, aki megmutatta, mit hozhat az ember tevékenysége
It has accomplished wonders far surpassing Egyptian pyramids, Roman aqueducts, and Gothic cathedrals
Olyan csodákat vitt véghez, amelyek messze meghaladják az egyiptomi piramisokat, a római vízvezetékeket és a gótikus katedrálisokat
and it has conducted expeditions that put in the shade all former Exoduses of nations and crusades
és olyan expedíciókat vezetett, amelyek árnyékba helyezték a nemzetek és keresztes hadjáratok minden korábbi exodusát
The Bourgeoisie cannot exist without constantly revolutionising the instruments of production
A burzsoázia nem létezhet anélkül, hogy folyamatosan forradalmasítaná a termelési eszközöket
and thereby it cannot exist without its relations to production
és ezért nem létezhet a termeléshez való viszonya nélkül
and therefore it cannot exist without its relations to society
és ezért nem létezhet a társadalomhoz való viszonya nélkül
all earlier industrial classes had one condition in common
Minden korábbi ipari osztálynak volt egy közös feltétele

they relied on the conservation of the old modes of production

a régi termelési módok megőrzésére támaszkodtak

but the Bourgeoisie brought with it a completely new dynamic

de a burzsoázia teljesen új dinamikát hozott magával

Constant revolutionizing of production and uninterrupted disturbance of all social conditions

A termelés folyamatos forradalmasítása és minden társadalmi feltétel megszakítás nélküli megzavarása

this everlasting uncertainty and agitation distinguishes the Bourgeoisie epoch from all earlier ones

ez az örök bizonytalanság és nyugtalanság különbözteti meg a burzsoázia korszakát minden korábbitól

previous relations with production came with ancient and venerable prejudices and opinions

A termeléssel való korábbi kapcsolatok ősi és tiszteletreméltó előítéletekkel és véleményekkel jártak

but all of these fixed, fast-frozen relations are swept away

De mindezeket a rögzült, gyorsan befagyott kapcsolatokat elsöprik

all new-formed relations become antiquated before they can ossify

Minden újonnan kialakult kapcsolat elavulttá válik, mielőtt megcsontosodhatna

All that is solid melts into air, and all that is holy is profaned

Minden, ami szilárd, levegővé olvad, és minden, ami szent, megszentségtelenedik

man is at last compelled to face with sober senses, his real conditions of life

Az ember végre kénytelen józan érzékekkel szembenézni valódi életfeltételeivel

and he is compelled to face his relations with his kind

és kénytelen szembenézni a fajtájával való kapcsolatával

The Bourgeoisie constantly needs to expand its markets for its products

A burzsoáziának állandóan bővítenie kell termékei piacát
and, because of this, the Bourgeoisie is chased over the whole surface of the globe
és emiatt a burzsoáziát a világ egész felületén üldözik
The Bourgeoisie must nestle everywhere, settle everywhere, establish connections everywhere
A burzsoáziának mindenütt fészket kell vetnie, mindenütt le kell telepednie, mindenütt kapcsolatokat kell létesítenie
The Bourgeoisie must create markets in every corner of the world to exploit
A burzsoáziának piacokat kell teremtenie a világ minden sarkában, hogy kizsákmányolja
the production and consumption in every country has been given a cosmopolitan character
A termelés és a fogyasztás minden országban kozmopolita jelleget kapott
the chagrin of Reactionists is palpable, but it has carried on regardless
a reakciósok bosszúsága tapintható, de ettől függetlenül folytatódott
The Bourgeoisie have drawn from under the feet of industry the national ground on which it stood
A burzsoázia az ipar lábai alól húzta ki azt a nemzeti talajt, amelyen állt
all old-established national industries have been destroyed, or are daily being destroyed
Minden régi nemzeti ipar megsemmisült, vagy naponta megsemmisül
all old-established national industries are dislodged by new industries
Az összes régi nemzeti iparágat új iparágak váltják fel
their introduction becomes a life and death question for all civilised nations
Bevezetésük élet-halál kérdéssé válik minden civilizált nemzet számára

they are dislodged by industries that no longer work up indigenous raw material
Olyan iparágak szorítják ki őket, amelyek már nem dolgoznak fel hazai nyersanyagot
instead, these industries pull raw materials from the remotest zones
Ehelyett ezek az iparágak a legtávolabbi zónákból nyerik ki a nyersanyagokat
industries whose products are consumed, not only at home, but in every quarter of the globe
iparágak, amelyek termékeit nemcsak otthon, hanem a világ minden negyedében fogyasztják
In place of the old wants, satisfied by the productions of the country, we find new wants
A régi szükségletek helyett, amelyeket az ország termékei elégítenek ki, új igényeket találunk
these new wants require for their satisfaction the products of distant lands and climes
Ezek az új igények kielégítésükhöz távoli vidékek és éghajlatok termékeit igénylik
In place of the old local and national seclusion and self-sufficiency, we have trade
A régi helyi és nemzeti elzárkózás és önellátás helyett kereskedelem van
international exchange in every direction; universal inter-dependence of nations
nemzetközi csere minden irányban; A nemzetek egyetemes kölcsönös függősége
and just as we have dependency on materials, so we are dependent on intellectual production
És ahogy függünk az anyagoktól, ugyanúgy függünk a szellemi termeléstől
The intellectual creations of individual nations become common property
Az egyes nemzetek szellemi alkotásai közös tulajdonná válnak

National one-sidedness and narrow-mindedness become more and more impossible
A nemzeti egyoldalúság és szűklátókörűség egyre lehetetlenebbé válik
and from the numerous national and local literatures, there arises a world literature
És a számos nemzeti és helyi irodalomból világirodalom születik
by the rapid improvement of all instruments of production
az összes termelési eszköz gyors fejlesztésével
by the immensely facilitated means of communication
a rendkívül megkönnyített kommunikációs eszközökkel
The Bourgeoisie draws all (even the most barbarian nations) into civilisation
A burzsoázia mindenkit (még a legbarbárabb nemzeteket is) bevon a civilizációba
The cheap prices of its commodities; the heavy artillery that batters down all Chinese walls
Áruinak olcsó árai; a nehéztüzérség, amely minden kínai falat lerombol
the barbarians' intensely obstinate hatred of foreigners is forced to capitulate
A barbárok idegenekkel szembeni makacs gyűlölete kapitulációra kényszerül
It compels all nations, on pain of extinction, to adopt the Bourgeoisie mode of production
Minden nemzetet arra kényszerít, hogy a kihalás terhe mellett átvegye a burzsoázia termelési módját
it compels them to introduce what it calls civilisation into their midst
Arra kényszeríti őket, hogy bevezessék közéjük azt, amit civilizációnak neveznek
The Bourgeoisie force the barbarians to become Bourgeoisie themselves
A burzsoázia arra kényszeríti a barbárokat, hogy maguk is burzsoáziává váljanak

in a word, the Bourgeoisie creates a world after its own image

egyszóval a burzsoázia saját képe után teremt világot

The Bourgeoisie has subjected the countryside to the rule of the towns

A burzsoázia a vidéket a városok uralma alá vetette

It has created enormous cities and greatly increased the urban population

Hatalmas városokat hozott létre, és jelentősen megnövelte a városi lakosságot

it rescued a considerable part of the population from the idiocy of rural life

A lakosság jelentős részét megmentette a vidéki élet idiotizmusától

but it has made those in the the countryside dependent on the towns

de a vidékieket a városoktól tette függővé

and likewise, it has made the barbarian countries dependent on the civilised ones

És hasonlóképpen függővé tette a barbár országokat a civilizáltaktól

nations of peasants on nations of Bourgeoisie, the East on the West

paraszti nemzetek a burzsoázia nemzetein, Kelet Nyugaton

The Bourgeoisie does away with the scattered state of the population more and more

A burzsoázia egyre inkább felszámolja a lakosság szétszórt állapotát

It has agglomerated production, and has concentrated property in a few hands

Tömörítette a termelést, és néhány kézben koncentrálta a tulajdont

The necessary consequence of this was political centralisation

Ennek szükségszerű következménye a politikai centralizáció volt

there had been independent nations and loosely connected provinces

Voltak független nemzetek és lazán összekapcsolt tartományok

they had separate interests, laws, governments and systems of taxation

Külön érdekeik, törvényeik, kormányaik és adórendszereik voltak

but they have become lumped together into one nation, with one government

De egy kalap alá kerültek, egy kormánnyal

they now have one national class-interest, one frontier and one customs-tariff

Most egy nemzeti osztályérdekük, egy határuk és egy vámtarifájuk van

and this national class-interest is unified under one code of law

És ez a nemzeti osztályérdek egyetlen törvénykönyvben egyesül

the Bourgeoisie has achieved much during its rule of scarce one hundred years

a burzsoázia sok mindent elért alig száz éves uralma alatt

more massive and colossal productive forces than have all preceding generations together

masszívabb és kolosszálisabb termelőerők, mint az összes korábbi generáció együttvéve;

Nature's forces are subjugated to the will of man and his machinery

A természet erői alá vannak rendelve az ember és gépezete akaratának

chemistry is applied to all forms of industry and types of agriculture

A kémia az ipar minden formájára és a mezőgazdaság típusára vonatkozik

steam-navigation, railways, electric telegraphs, and the printing press

gőzhajózás, vasút, elektromos távíró és nyomda
clearing of whole continents for cultivation, canalisation of rivers
egész kontinensek művelés céljából történő megtisztítása, folyók csatornázása
whole populations have been conjured out of the ground and put to work
Egész populációkat varázsoltak elő a földből és dolgoztattak
what earlier century had even a presentiment of what could be unleashed?
Melyik korábbi századnak volt egyáltalán elképzelése arról, hogy mit lehet szabadjára engedni?
who predicted that such productive forces slumbered in the lap of social labour?
Ki jósolta meg, hogy ilyen termelőerők szunnyadnak a szociális munka ölében?
we see then that the means of production and of exchange were generated in feudal society
Látjuk tehát, hogy a termelő- és csereeszközök a feudális társadalomban keletkeztek
the means of production on whose foundation the Bourgeoisie built itself up
a termelőeszközök, amelyek alapjára a burzsoázia felépítette magát
At a certain stage in the development of these means of production and of exchange
E termelőeszközök és csereeszközök fejlődésének egy bizonyos szakaszában
the conditions under which feudal society produced and exchanged
a feudális társadalom termelésének és cseréjének feltételei
the feudal organisation of agriculture and manufacturing industry
Feudális Mezőgazdasági és Gyáripari Szervezet;
the feudal relations of property were no longer compatible with the material conditions

A feudális tulajdonviszonyok már nem voltak
összeegyeztethetők az anyagi viszonyokkal
They had to be burst asunder, so they were burst asunder
Szét kellett őket robbantani, tehát szét kellett robbantani őket
**Into their place stepped free competition from the
productive forces**
Helyükre lépett a termelőerők szabad versenye
**and they were accompanied by a social and political
constitution adapted to it**
és ehhez igazított társadalmi és politikai alkotmány kísérte
őket
**and it was accompanied by the economical and political
sway of the Bourgeoisie class**
és ezt a burzsoázia osztály gazdasági és politikai befolyása
kísérte
A similar movement is going on before our own eyes
Hasonló mozgalom zajlik a saját szemünk előtt
**Modern Bourgeoisie society with its relations of production,
and of exchange, and of property**
A modern burzsoázia társadalma a maga termelési, csere- és
tulajdonviszonyaival
**a society that has conjured up such gigantic means of
production and of exchange**
egy olyan társadalom, amely ilyen gigantikus termelési és
csereeszközöket varázsolt elő
**it is like the sorcerer who called up the powers of the nether
world**
Olyan ez, mint a varázsló, aki előhívta az alvilág erőit
**but he is no longer able to control what he has brought into
the world**
De már nem képes irányítani azt, amit a világra hozott
**For many a decade past history was tied together by a
common thread**
Sok évtizeden át a történelmet egy közös szál kötötte össze
**the history of industry and commerce has been but the
history of revolts**

Az ipar és a kereskedelem története nem más, mint a lázadások története

the revolts of modern productive forces against modern conditions of production

a modern termelőerők lázadásai a modern termelési feltételek ellen

the revolts of modern productive forces against property relations

a modern termelőerők lázadásai a tulajdonviszonyok ellen

these property relations are the conditions for the existence of the Bourgeoisie

ezek a tulajdonviszonyok a burzsoázia létének feltételei

and the existence of the Bourgeoisie determines the rules for property relations

és a burzsoázia létezése határozza meg a tulajdonviszonyok szabályait

it is enough to mention the periodical return of commercial crises

Elég megemlíteni a kereskedelmi válságok időszakos visszatérését

each commercial crisis is more threatening to Bourgeoisie society than the last

minden kereskedelmi válság fenyegetőbb a burzsoázia társadalmára, mint az előző

In these crises a great part of the existing products are destroyed

Ezekben a válságokban a meglévő termékek nagy része megsemmisül

but these crises also destroy the previously created productive forces

De ezek a válságok elpusztítják a korábban létrehozott termelőerőket is

in all earlier epochs these epidemics would have seemed an absurdity

Minden korábbi korszakban ezek a járványok abszurditásnak tűntek volna

because these epidemics are the commercial crises of over-production

mert ezek a járványok a túltermelés kereskedelmi válságai

Society suddenly finds itself put back into a state of momentary barbarism

A társadalom hirtelen visszakerül a pillanatnyi barbárság állapotába

as if a universal war of devastation had cut off every means of subsistence

mintha egy egyetemes pusztító háború elvágta volna a létfenntartás minden eszközét

industry and commerce seem to have been destroyed; and why?

úgy tűnik, hogy az ipar és a kereskedelem megsemmisült; És miért?

Because there is too much civilisation and means of subsistence

Mert túl sok a civilizáció és a létfenntartáshoz szükséges eszközök

and because there is too much industry, and too much commerce

és mert túl sok az ipar és túl sok a kereskedelem

The productive forces at the disposal of society no longer develop Bourgeoisie property

A társadalom rendelkezésére álló termelőerők már nem fejlesztik a burzsoázia tulajdonát

on the contrary, they have become too powerful for these conditions, by which they are fettered

Éppen ellenkezőleg, túl erőssé váltak ezekhez a feltételekhez, amelyek megbéklyózzák őket

as soon as they overcome these fetters, they bring disorder into the whole of Bourgeoisie society

mihelyt legyőzik ezeket a béklyókat, zűrzavart hoznak az egész burzsoázia társadalmába

and the productive forces endanger the existence of Bourgeoisie property

és a termelőerők veszélyeztetik a burzsoázia tulajdonának
létét

**The conditions of Bourgeoisie society are too narrow to
comprise the wealth created by them**

A burzsoázia társadalmának feltételei túl szűkek ahhoz, hogy
magukban foglalják az általuk létrehozott gazdagságot

And how does the Bourgeoisie get over these crises?

És hogyan jut túl a burzsoázia ezeken a válságokon?

**On the one hand, it overcomes these crises by the enforced
destruction of a mass of productive forces**

Egyrészt a termelőerők tömegének erőszakos
megsemmisítésével győzi le ezeket a válságokat

**on the other hand, it overcomes these crises by the conquest
of new markets**

Másrészt új piacok meghódításával küzdi le ezeket a
válságokat

**and it overcomes these crises by the more thorough
exploitation of the old forces of production**

és ezeket a válságokat a régi termelőerők alaposabb
kizsákmányolásával győzi le

**That is to say, by paving the way for more extensive and
more destructive crises**

Vagyis azzal, hogy kikövezzük az utat a kiterjedtebb és
pusztítóbb válságok előtt

**it overcomes the crisis by diminishing the means whereby
crises are prevented**

Úgy küzdi le a válságot, hogy csökkenti a válságok
megelőzésére szolgáló eszközöket

**The weapons with which the Bourgeoisie felled feudalism
to the ground are now turned against itself**

Azok a fegyverek, amelyekkel a burzsoázia földig rombolta a
feudalizmust, most önmaga ellen fordultak

**But not only has the Bourgeoisie forged the weapons that
bring death to itself**

De a burzsoázia nemcsak azokat a fegyvereket kovácsolta,
amelyek halált hoznak magának

it has also called into existence the men who are to wield those weapons

Életre hívta azokat az embereket is, akiknek ezeket a fegyvereket kell használniuk

and these men are the modern working class; they are the proletarians

és ezek az emberek alkotják a modern munkásosztályt; Ők a proletárok

In proportion as the Bourgeoisie is developed, in the same proportion is the Proletariat developed

Amilyen mértékben a burzsoázia fejlett, olyan arányban fejlett a proletariátus is

the modern working class developed a class of labourers

A modern munkásosztály kifejlesztette a munkások osztályát

this class of labourers live only so long as they find work

A munkásoknak ez az osztálya csak addig él, amíg munkát talál

and they find work only so long as their labour increases capital

és csak addig találnak munkát, amíg munkájuk növeli a tőkét

These labourers, who must sell themselves piece-meal, are a commodity

Ezek a munkások, akiknek darabonként kell eladniuk magukat, árucikk

these labourers are like every other article of commerce

Ezek a munkások olyanok, mint minden más kereskedelmi cikk

and they are consequently exposed to all the vicissitudes of competition

következésképpen ki vannak téve a verseny minden viszontagságának

they have to weather all the fluctuations of the market

Át kell vészelniük a piac minden ingadozását

Owing to the extensive use of machinery and to division of labour

A gépek széles körű használata és a munkamegosztás miatt

the work of the proletarians has lost all individual character

A proletárok munkája elvesztette minden egyéni jellegét

and consequently, the work of the proletarians has lost all charm for the workman

következésképpen a proletárok munkája elvesztette minden varázsát a munkás számára

He becomes an appendage of the machine, rather than the man he once was

A gép függelékévé válik, nem pedig azzá az emberré, aki egykor volt

only the most simple, monotonous, and most easily acquired knack is required of him

Csak a legegyszerűbb, monoton és legkönnyebben megszerezhető trükkre van szükség tőle

Hence, the cost of production of a workman is restricted

Ezért a munkás termelési költsége korlátozott

it is restricted almost entirely to the means of subsistence that he requires for his maintenance

szinte teljes egészében a létfenntartáshoz szükséges megélhetési eszközökre korlátozódik

and it is restricted to the means of subsistence that he requires for the propagation of his race

és azokra a létfenntartási eszközökre korlátozódik, amelyekre fajának szaporításához szüksége van

But the price of a commodity, and therefore also of labour, is equal to its cost of production

De egy áru, és így a munkaerő ára is megegyezik a termelési költségével

In proportion, therefore, as the repulsiveness of the work increases, the wage decreases

Ezért a munka visszataszító erejének növekedésével arányosan csökken a bér

Nay, the repulsiveness of his work increases at an even greater rate

Sőt, munkájának visszataszító jellege még nagyobb ütemben növekszik

as the use of machinery and division of labour increases, so does the burden of toil

Ahogy nő a gépek használata és a munkamegosztás, úgy nő a munka terhe is

the burden of toil is increased by prolongation of the working hours

A munkaidő meghosszabbítása növeli a munka terhét

more is expected of the labourer in the same time as before

Többet várnak a munkástól ugyanabban az időben, mint korábban

and of course the burden of the toil is increased by the speed of the machinery

És természetesen a munka terhét növeli a gép sebessége

Modern industry has converted the little workshop of the patriarchal master into the great factory of the industrial capitalist

A modern ipar a patriarchális mester kis műhelyét az ipari kapitalista nagy gyárává változtatta

Masses of labourers, crowded into the factory, are organised like soldiers

A gyárba zsúfolódott munkástömegek úgy szerveződnek, mint a katonák

As privates of the industrial army they are placed under the command of a perfect hierarchy of officers and sergeants

Az ipari hadsereg közlegényeiként a tisztek és őrmesterek tökéletes hierarchiájának parancsnoksága alá kerülnek;

they are not only the slaves of the Bourgeoisie class and State

nemcsak a burzsoázia osztályának és államának rabszolgái

but they are also daily and hourly enslaved by the machine

de naponta és óránként is rabszolgái a gépnek

they are enslaved by the over-looker, and, above all, by the individual Bourgeoisie manufacturer himself

rabszolgái a szemlélőnek, és mindenekelőtt magának a burzsoáziai gyárosnak a rabszolgái

The more openly this despotism proclaims gain to be its end and aim, the more petty, the more hateful and the more embittering it is

Minél nyíltabban hirdeti ez az önkényuralom a nyereséget, mint célját és célját, annál kicsinyesebb, annál gyűlölködőbb és elkeseredettebb

the more modern industry becomes developed, the lesser are the differences between the sexes

Minél fejlettebb az ipar, annál kisebbek a nemek közötti különbségek

The less the skill and exertion of strength implied in manual labour, the more is the labour of men superseded by that of women

Minél kevesebb a kétkezi munkával járó ügyesség és erőkifejtés, annál inkább kiszorítja a férfiak munkáját a nőké

Differences of age and sex no longer have any distinctive social validity for the working class

Az életkori és nemi különbségeknek már nincs megkülönböztető társadalmi érvényességük a munkásosztály számára

All are instruments of labour, more or less expensive to use, according to their age and sex

Mindegyik munkaeszköz, koruktól és nemüktől függően többé-kevésbé költséges a használatuk

as soon as the labourer receives his wages in cash, than he is set upon by the other portions of the Bourgeoisie

mihelyt a munkás készpénzben kapja meg bérét, a burzsoázia többi része is rákényszeríti

the landlord, the shopkeeper, the pawnbroker, etc

a földesúr, a boltos, a zálogügynök stb

The lower strata of the middle class; the small trades people and shopkeepers

A középosztály alsó rétegei; a kiskereskedők, a kereskedők és a boltosok;

the retired tradesmen generally, and the handicraftsmen and peasants

a nyugdíjas kereskedők általában, valamint a kézművesek és parasztok
all these sink gradually into the Proletariat
mindezek fokozatosan beszivárognak a proletariátusba
partly because their diminutive capital does not suffice for the scale on which Modern Industry is carried on
részben azért, mert csekély tőkéjük nem elegendő ahhoz a mértékhez, amelyen a modern ipar folyik
and because it is swamped in the competition with the large capitalists
és mert elárasztja a nagytőkésekkel folytatott verseny
partly because their specialized skill is rendered worthless by the new methods of production
részben azért, mert speciális szakértelmüket értéktelenné teszik az új termelési módszerek
Thus the Proletariat is recruited from all classes of the population
Így a proletariátus a lakosság minden osztályából toborozódik
The Proletariat goes through various stages of development
A proletariátus a fejlődés különböző szakaszain megy keresztül
With its birth begins its struggle with the Bourgeoisie
Születésével megkezdődik a harc a burzsoáziával
At first the contest is carried on by individual labourers
A versenyt eleinte egyéni munkások folytatják
then the contest is carried on by the workpeople of a factory
Ezután a versenyt egy gyár munkásai folytatják
then the contest is carried on by the operatives of one trade, in one locality
Ezután a versenyt egy szakma ügynökei folytatják, egy helységben
and the contest is then against the individual Bourgeoisie who directly exploits them
és a verseny akkor az egyes burzsoázia ellen irányul, aki közvetlenül kizsákmányolja őket

They direct their attacks not against the Bourgeoisie conditions of production
Támadásaikat nem a burzsoázia termelési feltételei ellen irányítják
but they direct their attack against the instruments of production themselves
de támadásukat maguk a termelőeszközök ellen irányítják
they destroy imported wares that compete with their labour
elpusztítják az importált árukat, amelyek versenyeznek a munkájukkal
they smash to pieces machinery and they set factories ablaze
Darabokra törik a gépeket, és gyárakat gyújtanak fel
they seek to restore by force the vanished status of the workman of the Middle Ages
erőszakkal akarják visszaállítani a középkori munkás eltűnt helyzetét
At this stage the labourers still form an incoherent mass scattered over the whole country
Ebben a szakaszban a munkások még mindig összefüggéstelen tömeget alkotnak, amely szétszóródik az egész országban
and they are broken up by their mutual competition
és kölcsönös versengésük felbomlasztja őket
If anywhere they unite to form more compact bodies, this is not yet the consequence of their own active union
Ha bárhol egyesülnek, hogy kompaktabb testeket alkossanak, ez még nem a saját aktív egyesülésük következménye
but it is a consequence of the union of the Bourgeoisie, to attain its own political ends
de a burzsoázia egyesülésének következménye, hogy elérje saját politikai céljait
the Bourgeoisie is compelled to set the whole Proletariat in motion
a burzsoázia arra kényszerül, hogy mozgásba hozza az egész proletariátust

and moreover, for a time being, the Bourgeoisie is able to do so

sőt a burzsoázia egy ideig képes erre

At this stage, therefore, the proletarians do not fight their enemies

Ebben a szakaszban tehát a proletárok nem harcolnak ellenségeikkel

but instead they are fighting the enemies of their enemies

Ehelyett ellenségeik ellenségei ellen harcolnak

the fight the remnants of absolute monarchy and the landowners

A harc az abszolút monarchia maradványaival és a földtulajdonosokkal

they fight the non-industrial Bourgeoisie; the petty Bourgeoisie

harcolnak a nem ipari burzsoázia ellen; a kispolgárság

Thus the whole historical movement is concentrated in the hands of the Bourgeoisie

Így az egész történelmi mozgalom a burzsoázia kezében összpontosul

every victory so obtained is a victory for the Bourgeoisie

minden így elért győzelem a burzsoázia győzelme

But with the development of industry the Proletariat not only increases in number

De az ipar fejlődésével a proletariátus nemcsak a számuk növekszik

the Proletariat becomes concentrated in greater masses and its strength grows

a proletariátus nagyobb tömegekben koncentrálódik, és ereje növekszik

and the Proletariat feels that strength more and more

és a proletariátus egyre jobban érzi ezt az erőt

The various interests and conditions of life within the ranks of the Proletariat are more and more equalised

A proletariátus soraiban a különböző érdekek és életfeltételek egyre inkább kiegyenlítődnek

they become more in proportion as machinery obliterates all distinctions of labour

arányosabbá válnak, ahogy a gépek eltörlik a munka minden megkülönböztetését

and machinery nearly everywhere reduces wages to the same low level

és a gépek szinte mindenhol ugyanolyan alacsony szintre csökkentik a béreket

The growing competition among the Bourgeoisie, and the resulting commercial crises, make the wages of the workers ever more fluctuating

A burzsoázia közötti fokozódó verseny és az ebből eredő kereskedelmi válságok a munkások bérét egyre ingadozóbbá teszik

The unceasing improvement of machinery, ever more rapidly developing, makes their livelihood more and more precarious

A gépek szüntelen fejlődése, amely egyre gyorsabban fejlődik, egyre bizonytalanabbá teszi megélhetésüket

the collisions between individual workmen and individual Bourgeoisie take more and more the character of collisions between two classes

az egyes munkások és az egyéni burzsoázia összeütközései egyre inkább két osztály összeütközésének jellegét öltik magukra

Thereupon the workers begin to form combinations (Trades Unions) against the Bourgeoisie

Erre a munkások elkezdenek szövetségeket (szakszervezeteket) alakítani a burzsoázia ellen

they club together in order to keep up the rate of wages

Összefognak, hogy fenntartsák a bérek mértékét

they found permanent associations in order to make provision beforehand for these occasional revolts

állandó egyesületeket alapítottak annak érdekében, hogy előzetesen intézkedjenek ezekről az alkalmi felkelésekről

Here and there the contest breaks out into riots

A verseny itt-ott zavargásokba torkollik
Now and then the workers are victorious, but only for a time
Időnként a munkások győzedelmeskednek, de csak egy időre
The real fruit of their battles lies, not in the immediate
result, but in the ever-expanding union of the workers
Harcaik igazi gyümölcse nem a közvetlen eredményben rejlik,
hanem a munkások egyre bővülő szakszervezetében
This union is helped on by the improved means of
communication that are created by modern industry
Ezt az uniót segítik a modern ipar által létrehozott fejlett
kommunikációs eszközök
modern communication places the workers of different
localities in contact with one another
A modern kommunikáció kapcsolatba hozza egymással a
különböző települések dolgozóit
It was just this contact that was needed to centralise the
numerous local struggles into one national struggle between
classes
Éppen erre a kapcsolatra volt szükség ahhoz, hogy a számos
helyi harcot egyetlen nemzeti osztályharcban egyesítsék
all of these struggles are of the same character, and every
class struggle is a political struggle
Mindezek a harcok azonos jellegűek, és minden osztályharc
politikai harc
the burghers of the Middle Ages, with their miserable
highways, required centuries to form their unions
a középkori polgároknak, nyomorúságos autópályáikkal,
évszázadokra volt szükségük szakszervezeteik kialakításához
the modern proletarians, thanks to railways, achieve their
unions within a few years
A modern proletárok a vasútnak köszönhetően néhány éven
belül elérik szakszervezeteiket
This organisation of the proletarians into a class
consequently formed them into a political party
A proletároknak ez az osztályba szerveződése politikai párttá
formálta őket

the political class is continually being upset again by the competition between the workers themselves

A politikai osztályt újra és újra felzaklatja a munkások közötti verseny

But the political class continues to rise up again, stronger, firmer, mightier

De a politikai osztály újra felemelkedik, erősebbé, szilárdabbá, hatalmasabbá

It compels legislative recognition of particular interests of the workers

Kikényszeríti a munkavállalók sajátos érdekeinek jogszabályi elismerését

it does this by taking advantage of the divisions among the Bourgeoisie itself

ezt úgy teszi, hogy kihasználja a burzsoázia közötti megosztottságot

Thus the ten-hours' bill in England was put into law

Így Angliában törvénybe iktatták a tízórás törvényjavaslatot

in many ways the collisions between the classes of the old society further is the course of development of the Proletariat

a régi társadalom osztályai közötti ütközések sok tekintetben a proletariátus fejlődésének menetét jelentik

The Bourgeoisie finds itself involved in a constant battle

A burzsoázia állandó harcban találja magát

At first it will find itself involved in a constant battle with the aristocracy

Eleinte állandó harcban találja magát az arisztokráciával

later on it will find itself involved in a constant battle with those portions of the Bourgeoisie itself

később állandó harcban fog állni magával a burzsoáziával

and their interests will have become antagonistic to the progress of industry

és érdekeik ellenségessé válnak az ipar fejlődésével szemben

at all times, their interests will have become antagonistic with the Bourgeoisie of foreign countries

érdekeik mindenkor ellenségessé válnak a külföldi országok burzsoáziájával

In all these battles it sees itself compelled to appeal to the Proletariat, and asks for its help

Mindezekben a harcokban arra kényszerül, hogy a proletariátushoz forduljon, és a segítségét kéri

and thus, it will feel compelled to drag it into the political arena

és így kénytelen lesz belerángatni a politikai arénába

The Bourgeoisie itself, therefore, supplies the Proletariat with its own instruments of political and general education

Ezért maga a burzsoázia látja el a proletariátust a maga politikai és általános oktatási eszközeivel

in other words, it furnishes the Proletariat with weapons for fighting the Bourgeoisie

más szóval, fegyverekkel látja el a proletariátust a burzsoázia elleni harchoz

Further, as we have already seen, entire sections of the ruling classes are precipitated into the Proletariat

Továbbá, mint már láttuk, az uralkodó osztályok egész részei csapódnak be a proletariátusba

the advance of industry sucks them into the Proletariat

az ipar fejlődése beszippantja őket a proletariátusba

or, at least, they are threatened in their conditions of existence

vagy legalábbis létfeltételeikben fenyegetve vannak

These also supply the Proletariat with fresh elements of enlightenment and progress

Ezek látják el a proletariátust a felvilágosodás és a haladás új elemeivel is

Finally, in times when the class struggle nears the decisive hour

Végül, amikor az osztályharc a döntő órához közeledik

the process of dissolution going on within the ruling class

Az uralkodó osztályon belül zajló felbomlási folyamat

in fact, the dissolution going on within the ruling class will
be felt within the whole range of society

Valójában az uralkodó osztályon belül zajló felbomlás a
társadalom egész területén érezhető lesz

it will take on such a violent, glaring character, that a small
section of the ruling class cuts itself adrift

Olyan erőszakos, kirívó jelleget fog ölteni, hogy az uralkodó
osztály egy kis része elvágja magát

and that ruling class will join the revolutionary class

és ez az uralkodó osztály csatlakozni fog a forradalmi
osztályhoz

the revolutionary class being the class that holds the future
in its hands

A forradalmi osztály az az osztály, amely kezében tartja a
jövőt

Just as at an earlier period, a section of the nobility went
over to the Bourgeoisie

Csakúgy, mint egy korábbi időszakban, a nemesség egy része
átment a burzsoáziába

the same way a portion of the Bourgeoisie will go over to the
Proletariat

ugyanúgy, ahogy a burzsoázia egy része átmegy a
proletariátusba

in particular, a portion of the Bourgeoisie will go over to a
portion of the Bourgeoisie ideologists

különösen a burzsoázia egy része fog átmenni a burzsoázia
ideológusainak egy részéhez

Bourgeoisie ideologists who have raised themselves to the
level of comprehending theoretically the historical
movement as a whole

A burzsoázia ideológusai, akik arra a szintre emelkedtek,
hogy elméletileg megértsék a történelmi mozgalom egészét

Of all the classes that stand face to face with the Bourgeoisie
today, the Proletariat alone is a really revolutionary class

Mindazon osztályok közül, amelyek ma szemtől szemben
állnak a burzsoáziával, egyedül a proletariátus valóban
forradalmi osztály
**The other classes decay and finally disappear in the face of
Modern Industry**
A többi osztály hanyatlik és végül eltűnik a modern iparral
szemben
the Proletariat is its special and essential product
a proletariátus különleges és lényeges terméke
**The lower middle class, the small manufacturer, the
shopkeeper, the artisan, the peasant**
Az alsó középosztály, a kisiparos, a boltos, a kézműves, a
paraszt
all these fight against the Bourgeoisie
mindezek a burzsoázia ellen harcolnak
**they fight as fractions of the middle class to save themselves
from extinction**
A középosztály frakcióiként harcolnak, hogy megmentsék
magukat a kihalástól
They are therefore not revolutionary, but conservative
Ezért nem forradalmiak, hanem konzervatívak
**Nay more, they are reactionary, for they try to roll back the
wheel of history**
Sőt, reakciósak, mert megpróbálják visszaforgatni a történelem
kerekét
**If by chance they are revolutionary, they are so only in view
of their impending transfer into the Proletariat**
Ha véletlenül forradalmiak, csak a proletariátusba való
közelgő áthelyezésük miatt azok;
they thus defend not their present, but their future interests
Így nem a jelenüket, hanem a jövőbeli érdekeiket védik
**they desert their own standpoint to place themselves at that
of the Proletariat**
elhagyják saját álláspontjukat, hogy a proletariátus
álláspontjához igazodjanak

The "dangerous class," the social scum, that passively rotting
mass thrown off by the lowest layers of old society
A "veszélyes osztály", a társadalmi söpredék, az a passzívan
rothadó tömeg, amelyet a régi társadalom legalsóbb rétegei
dobtak le
they may, here and there, be swept into the movement by a
proletarian revolution
Itt-ott a proletárforradalom söpörheti be őket a mozgalomba
its conditions of life, however, prepare it far more for the
part of a bribed tool of reactionary intrigue
Életkörülményei azonban sokkal inkább felkészítik a reakciós
intrika megvesztegetett eszközének szerepére
In the conditions of the Proletariat, those of old society at
large are already virtually swamped
A proletariátus viszonyai között a régi társadalom egésze már
gyakorlatilag el van árasztva
The proletarian is without property
A proletár tulajdon nélkül van
his relation to his wife and children has no longer anything
in common with the Bourgeoisie's family-relations
feleségéhez és gyermekeihez való viszonyának már semmi
köze sincs a burzsoázia családi viszonyaihoz;
modern industrial labour, modern subjection to capital, the
same in England as in France, in America as in Germany
modern ipari munka, modern alávetettség a tőkének, ugyanaz
Angliában, mint Franciaországban, Amerikában éppúgy, mint
Németországban
his condition in society has stripped him of every trace of
national character
Társadalmi helyzete megfosztotta őt a nemzeti jellem minden
nyomától
Law, morality, religion, are to him so many Bourgeoisie
prejudices
A törvény, az erkölcs, a vallás megannyi burzsoázia előítélet
számára

and behind these prejudices lurk in ambush just as many
Bourgeoisie interests
és ezen előítéletek mögött éppúgy lesben lappang a
burzsoázia érdeke
All the preceding classes that got the upper hand, sought to
fortify their already acquired status
Az összes korábbi osztály, amely fölénybe került, arra
törekedett, hogy megerősítse már megszerzett státuszát
they did this by subjecting society at large to their
conditions of appropriation
Ezt úgy tették, hogy a társadalom egészét alávetették a
kisajátítás feltételeinek
The proletarians cannot become masters of the productive
forces of society
A proletárok nem válhatnak a társadalom termelőerőinek
uraivá
it can only do this by abolishing their own previous mode of
appropriation
Ezt csak úgy teheti meg, ha eltörli saját korábbi kisajátítási
módját
and thereby it also abolishes every other previous mode of
appropriation
és ezáltal eltöröl minden más korábbi kisajátítási módot is
They have nothing of their own to secure and to fortify
Nincs semmijük, amit biztosítanának és megerősíthetnének
their mission is to destroy all previous securities for, and
insurances of, individual property
Küldetésük az, hogy megsemmisítsék az egyéni tulajdonra
vonatkozó összes korábbi biztosítékot és biztosítást
All previous historical movements were movements of
minorities
Minden korábbi történelmi mozgalom kisebbségi mozgalom
volt
or they were movements in the interests of minorities
vagy kisebbségek érdekeit szolgáló mozgalmak voltak

The proletarian movement is the self-conscious, independent movement of the immense majority

A proletármozgalom a hatalmas többség öntudatos, független mozgalma

and it is a movement in the interests of the immense majority

és ez a mozgalom a hatalmas többség érdekeit szolgálja

The Proletariat, the lowest stratum of our present society

A proletariátus, jelenlegi társadalmunk legalsó rétege

it cannot stir or raise itself up without the whole superincumbent strata of official society being sprung into the air

Nem mozdulhat meg és nem emelkedhet fel anélkül, hogy a hivatalos társadalom egész felsőbbrendű rétegei a levegőbe ne emelkednének

Though not in substance, yet in form, the struggle of the Proletariat with the Bourgeoisie is at first a national struggle

A proletariátus harca a burzsoáziával, ha nem is lényegében, de formájában, de eleinte nemzeti harc

The Proletariat of each country must, of course, first of all settle matters with its own Bourgeoisie

Minden ország proletariátusának természetesen mindenekelőtt a saját burzsoáziájával kell rendeznie a dolgokat

In depicting the most general phases of the development of the Proletariat, we traced the more or less veiled civil war

A proletariátus fejlődésének legáltalánosabb fázisainak ábrázolásakor nyomon követtük a többé-kevésbé leplezett polgárháborút

this civil is raging within existing society

Ez a civil tombol a létező társadalomban

it will rage up to the point where that war breaks out into open revolution

addig a pontig fog tombolni, ahol a háború nyílt forradalommá tör ki

and then the violent overthrow of the Bourgeoisie lays the foundation for the sway of the Proletariat

és akkor a burzsoázia erőszakos megdöntése megalapozza a proletariátus uralmát

Hitherto, every form of society has been based, as we have already seen, on the antagonism of oppressing and oppressed classes

Eddig a társadalom minden formája, mint már láttuk, az elnyomó és elnyomott osztályok antagonizmusán alapult

But in order to oppress a class, certain conditions must be assured to it

De ahhoz, hogy egy osztályt elnyomjanak, bizonyos feltételeket biztosítani kell számára

the class must be kept under conditions in which it can, at least, continue its slavish existence

Az osztályt olyan körülmények között kell tartani, amelyek között legalább szolgai létét folytathatja

The serf, in the period of serfdom, raised himself to membership in the commune

A jobbágy a jobbágy időszakában a község tagságára emelkedett

just as the petty Bourgeoisie, under the yoke of feudal absolutism, managed to develop into a Bourgeoisie

mint ahogy a kispolgárságnak a feudális abszolutizmus igája alatt sikerült burzsoáziává fejlődnie

The modern labourer, on the contrary, instead of rising with the progress of industry, sinks deeper and deeper

A modern munkás ezzel szemben ahelyett, hogy az ipar fejlődésével együtt emelkedne, egyre mélyebbre és mélyebbre süllyed

he sinks below the conditions of existence of his own class

saját osztályának létfeltételei alá süllyed

He becomes a pauper, and pauperism develops more rapidly than population and wealth

Szegénysé válik, és a pauperizmus gyorsabban fejlődik, mint a népesség és a gazdagság

And here it becomes evident, that the Bourgeoisie is unfit any longer to be the ruling class in society

És itt nyilvánvalóvá válik, hogy a burzsoázia alkalmatlan arra, hogy a társadalom uralkodó osztálya legyen

and it is unfit to impose its conditions of existence upon society as an over-riding law

és alkalmatlan arra, hogy létfeltételeit mindenek felett álló törvényként ráerőltesse a társadalomra

It is unfit to rule because it is incompetent to assure an existence to its slave within his slavery

Alkalmatlan az uralkodásra, mert képtelen létet biztosítani rabszolgájának rabszolgaságában

because it cannot help letting him sink into such a state, that it has to feed him, instead of being fed by him

Mert nem tehet róla, hogy olyan állapotba süllyed, hogy táplálnia kell, ahelyett, hogy ő táplálná

Society can no longer live under this Bourgeoisie

A társadalom nem élhet tovább ebben a burzsoáziában

in other words, its existence is no longer compatible with society

Más szóval, létezése már nem egyeztethető össze a társadalommal

The essential condition for the existence, and for the sway of the Bourgeoisie class, is the formation and augmentation of capital

A burzsoázia osztály létének és befolyásának lényeges feltétele a tőke kialakulása és gyarapítása

the condition for capital is wage-labour

A tőke feltétele a bérmunka

Wage-labour rests exclusively on competition between the labourers

A bérmunka kizárólag a munkások közötti versenyen alapul

The advance of industry, whose involuntary promoter is the Bourgeoisie, replaces the isolation of the labourers

Az ipar haladása, amelynek önkéntelen támogatója a burzsoázia, felváltja a munkások elszigeteltségét

due to competition, due to their revolutionary combination, due to association

a verseny miatt, forradalmi kombinációjuk miatt, társulásuk miatt

The development of Modern Industry cuts from under its feet the very foundation on which the Bourgeoisie produces and appropriates products

A modern ipar fejlődése kivágja lába alól azt az alapot, amelyen a burzsoázia termékeket állít elő és sajátít ki

What the Bourgeoisie produces, above all, is its own grave-diggers

Amit a burzsoázia mindenekelőtt termel, az a saját sírásói

The fall of the Bourgeoisie and the victory of the Proletariat are equally inevitable

A burzsoázia bukása és a proletariátus győzelme egyaránt elkerülhetetlen

Proletarians and Communists
Proletárok és kommunisták

In what relation do the Communists stand to the proletarians as a whole?

Milyen viszonyban állnak a kommunisták a proletárok egészével?

The Communists do not form a separate party opposed to other working-class parties

A kommunisták nem alkotnak külön pártot a többi munkáspárttal szemben

They have no interests separate and apart from those of the proletariat as a whole

Nincsenek a proletariátus egészének érdekeitől elkülönülő érdekeik

They do not set up any sectarian principles of their own, by which to shape and mould the proletarian movement

Nem állítanak fel saját szektás elveket, amelyek alapján a proletármozgalmat alakíthatnák és formálhatnák

The Communists are distinguished from the other working-class parties by only two things

A kommunistákat csak két dolog különbözteti meg a többi munkásosztálybeli párttól

Firstly, they point out and bring to the front the common interests of the entire proletariat, independently of all nationality

Először is rámutatnak és előtérbe helyezik az egész proletariátus közös érdekeit, nemzetiségre való tekintet nélkül

this they do in the national struggles of the proletarians of the different countries

Ezt teszik a különböző országok proletárjainak nemzeti harcaiban

Secondly, they always and everywhere represent the interests of the movement as a whole

Másodszor, mindig és mindenhol képviselik a mozgalom egészének érdekeit

this they do in the various stages of development, which the struggle of the working class against the Bourgeoisie has to pass through
ezt teszik a fejlődés különböző fokain, amelyeken a munkásosztálynak a burzsoázia ellen folytatott harcának keresztül kell mennie
The Communists, therefore, are on the one hand, practically, the most advanced and resolute section of the working-class parties of every country
A kommunisták tehát gyakorlatilag minden ország munkáspártjainak legfejlettebb és legelszántabb részét alkotják
they are that section of the working class which pushes forward all others
Ők a munkásosztálynak az a része, amely minden mást előretol
theoretically, they also have the advantage of clearly understanding the line of march
Elméletileg az az előnyük is, hogy világosan megértik a menetvonalat
this they understand better compared the great mass of the proletariat
Ezt jobban megértik, mint a proletariátus nagy tömegét
they understand the conditions, and the ultimate general results of the proletarian movement
Megértik a proletármozgalom feltételeit és végső általános eredményeit
The immediate aim of the Communist is the same as that of all the other proletarian parties
A kommunisták közvetlen célja ugyanaz, mint az összes többi proletár párté
their aim is the formation of the proletariat into a class
Céljuk a proletariátus osztállyá alakítása
they aim to overthrow the Bourgeoisie supremacy
céljuk a burzsoázia felsőbbrendűségének megdöntése
the strive for the conquest of political power by the proletariat

törekvés a politikai hatalom proletariátus általi meghódítására
The theoretical conclusions of the Communists are in no way based on ideas or principles of reformers
A kommunisták elméleti következtetései semmiképpen sem a reformerek eszméin vagy elvein alapulnak
it wasn't would-be universal reformers that invented or discovered the theoretical conclusions of the Communists
nem a leendő egyetemes reformerek találták ki vagy fedezték fel a kommunisták elméleti következtetéseit
They merely express, in general terms, actual relations springing from an existing class struggle
Csupán általánosságban fejezik ki a létező osztályharcból eredő tényleges viszonyokat
and they describe the historical movement going on under our very eyes that have created this class struggle
És leírják azt a történelmi mozgalmat, amely a szemünk előtt zajlik, és amely ezt az osztályharcot létrehozta
The abolition of existing property relations is not at all a distinctive feature of Communism
A meglévő tulajdonviszonyok eltörlése egyáltalán nem a kommunizmus megkülönböztető jellemzője
All property relations in the past have continually been subject to historical change
A múltban minden tulajdonviszony folyamatosan történelmi változásoknak volt kitéve
and these changes were consequent upon the change in historical conditions
és e változások a történelmi körülmények változásának következményei voltak
The French Revolution, for example, abolished feudal property in favour of Bourgeoisie property
A francia forradalom például eltörölte a feudális tulajdont a burzsoázia tulajdonának javára
The distinguishing feature of Communism is not the abolition of property, generally

A kommunizmus megkülönböztető jellemzője általában nem a tulajdon eltörlése

but the distinguishing feature of Communism is the abolition of Bourgeoisie property

de a kommunizmus megkülönböztető jellemzője a burzsoázia tulajdonának eltörlése

But modern Bourgeoisie private property is the final and most complete expression of the system of producing and appropriating products

De a modern burzsoázia magántulajdona a termékek előállítási és kisajátítási rendszerének végső és legteljesebb kifejeződése

it is the final state of a system that is based on class antagonisms, where class antagonism is the exploitation of the many by the few

Ez egy olyan rendszer végső állapota, amely osztályellentéteken alapul, ahol az osztályantagonizmus a sokak kevesek általi kizsákmányolása

In this sense, the theory of the Communists may be summed up in the single sentence; the Abolition of private property

Ebben az értelemben a kommunisták elmélete egyetlen mondatban összefoglalható; a magántulajdon eltörlése

We Communists have been reproached with the desire of abolishing the right of personally acquiring property

Nekünk, kommunistáknak szemünkre vetették, hogy el akarják törölni a személyes tulajdonszerzés jogát

it is claimed that this property is the fruit of a man's own labour

Azt állítják, hogy ez a tulajdonság az ember saját munkájának gyümölcse

and this property is alleged to be the groundwork of all personal freedom, activity and independence.

És ez a tulajdonság állítólag minden személyes szabadság, tevékenység és függetlenség alapja.

"Hard-won, self-acquired, self-earned property!"

"Nehezen megszerzett, saját maga által szerzett, saját maga által megszerzett tulajdon!"

Do you mean the property of the petty artisan and of the small peasant?

A kisiparos és a kisparaszt tulajdonára gondol?

Do you mean a form of property that preceded the Bourgeoisie form?

Olyan tulajdonformára gondol, amely megelőzte a burzsoázia formáját?

There is no need to abolish that, the development of industry has to a great extent already destroyed it

Ezt nem kell eltörölni, az ipar fejlődése már nagyrészt tönkretette

and development of industry is still destroying it daily

és az ipar fejlődése még mindig naponta pusztítja

Or do you mean modern Bourgeoisie private property?

Vagy a modern burzsoázia magántulajdonára gondol?

But does wage-labour create any property for the labourer?

De teremt-e a bérmunka bármilyen tulajdont a munkás számára?

no, wage labour creates not one bit of this kind of property!

Nem, a bérmunka egy cseppet sem teremt ilyen tulajdonból!

what wage labour does create is capital; that kind of property which exploits wage-labour

amit a bérmunka létrehoz, az a tőke; az a fajta tulajdon, amely kizsákmányolja a bérmunkát

capital cannot increase except upon condition of begetting a new supply of wage-labour for fresh exploitation

A tőke csak azzal a feltétellel növekedhet, hogy új bérmunka-kínálatot teremt az új kizsákmányoláshoz

Property, in its present form, is based on the antagonism of capital and wage-labour

A tulajdon jelenlegi formájában a tőke és a bérmunka antagonizmusán alapul

Let us examine both sides of this antagonism

Vizsgáljuk meg ennek az antagonizmusnak mindkét oldalát

To be a capitalist is to have not only a purely personal status
Kapitalistának lenni nem csak azt jelenti, hogy tisztán
személyes státusszal rendelkezünk
instead, to be a capitalist is also to have a social status in production
Ehelyett kapitalistának lenni azt is jelenti, hogy társadalmi
státusszal rendelkezünk a termelésben
because capital is a collective product; only by the united action of many members can it be set in motion
mert a tőke kollektív termék; Csak sok képviselő egyesült
fellépésével lehet mozgásba hozni
but this united action is a last resort, and actually requires all members of society
De ez az egységes fellépés végső megoldás, és valójában a
társadalom minden tagjára szükség van
Capital does get converted into the property of all members of society
A tőke a társadalom minden tagjának tulajdonává alakul
but Capital is, therefore, not a personal power; it is a social power
de a Tőke ezért nem személyes hatalom; Ez egy társadalmi
hatalom
so when capital is converted into social property, personal property is not thereby transformed into social property
Tehát amikor a tőkét társadalmi tulajdonná alakítják át, a
személyes tulajdon nem alakul át társadalmi tulajdonná
It is only the social character of the property that is changed, and loses its class-character
Csak a tulajdon társadalmi jellege változik meg, és veszíti el
osztályjellegét
Let us now look at wage-labour
Nézzük most a bérmunkát
The average price of wage-labour is the minimum wage, i.e., that quantum of the means of subsistence
A bérmunka átlagára a minimálbér, azaz a létfenntartási
eszközök mennyisége

this wage is absolutely requisite in bare existence as a labourer

Ez a bér feltétlenül szükséges a puszta léthez, mint munkás

What, therefore, the wage-labourer appropriates by means of his labour, merely suffices to prolong and reproduce a bare existence

Amit tehát a bérmunkás munkájával kisajátít, az csupán a puszta lét meghosszabbításához és újratermeléséhez elegendő

We by no means intend to abolish this personal appropriation of the products of labour

Semmi esetre sem áll szándékunkban megszüntetni a munkatermékeknek ezt a személyes kisajátítását

an appropriation that is made for the maintenance and reproduction of human life

az emberi élet fenntartására és újratermelésére szolgáló előirányzat

such personal appropriation of the products of labour leave no surplus wherewith to command the labour of others

A munkatermékek ilyen személyes kisajátítása nem hagy többletet, amellyel mások munkáját irányíthatná

All that we want to do away with, is the miserable character of this appropriation

Minden, amit meg akarunk szüntetni, az ennek a kisajátításnak a nyomorúságos jellege

the appropriation under which the labourer lives merely to increase capital

az a kisajátítás, amely alatt a munkavállaló él, pusztán tőkeemelés céljából

he is allowed to live only in so far as the interest of the ruling class requires it

csak addig élhet, ameddig az uralkodó osztály érdekei megkívánják

In Bourgeoisie society, living labour is but a means to increase accumulated labour

A burzsoázia társadalmában az élő munka csak eszköz a felhalmozott munka növelésére

In Communist society, accumulated labour is but a means to widen, to enrich, to promote the existence of the labourer

A kommunista társadalomban a felhalmozott munka nem más, mint eszköz a munkás kiszélesítésére, gazdagítására, létének előmozdítására

In Bourgeoisie society, therefore, the past dominates the present

A burzsoázia társadalmában tehát a múlt uralja a jelent

in Communist society the present dominates the past

a kommunista társadalomban a jelen uralja a múltat

In Bourgeoisie society capital is independent and has individuality

A burzsoázia társadalmában a tőke független és egyénisége van

In Bourgeoisie society the living person is dependent and has no individuality

A burzsoázia társadalmában az élő személy függő és nincs egyénisége

And the abolition of this state of things is called by the Bourgeoisie, abolition of individuality and freedom!

És ennek az állapotnak az eltörlését a burzsoázia az egyéniség és a szabadság megszüntetésének nevezi!

And it is rightly called the abolition of individuality and freedom!

És joggal nevezik az egyéniség és a szabadság eltörlésének!

Communism aims for the abolition of Bourgeoisie individuality

A kommunizmus célja a burzsoázia individualitásának megszüntetése

Communism intends for the abolition of Bourgeoisie independence

A kommunizmus meg akarja szüntetni a burzsoázia függetlenségét

Bourgeoisie freedom is undoubtedly what communism is aiming at

A burzsoázia szabadsága kétségtelenül az, amire a
kommunizmus törekszik
**under the present Bourgeoisie conditions of production,
freedom means free trade, free selling and buying**
a burzsoázia jelenlegi termelési viszonyai között a szabadság
szabad kereskedelmet, szabad eladást és vásárlást jelent
**But if selling and buying disappears, free selling and buying
also disappears**
De ha az adásvétel eltűnik, a szabad eladás és vásárlás is
eltűnik
**"brave words" by the Bourgeoisie about free selling and
buying only have meaning in a limited sense**
A burzsoázia "bátor szavainak" a szabad adásvételről csak
korlátozott értelemben van értelmük
**these words have meaning only in contrast with restricted
selling and buying**
Ezeknek a szavaknak csak a korlátozott eladással és
vásárlással ellentétben van jelentésük
**and these words have meaning only when applied to the
fettered traders of the Middle Ages**
és ezeknek a szavaknak csak akkor van jelentésük, ha a
középkor megbéklyózott kereskedőire alkalmazzák őket
**and that assumes these words even have meaning in a
Bourgeoisie sense**
és ez feltételezi, hogy ezeknek a szavaknak burzsoázia
értelemben is van jelentésük
**but these words have no meaning when they're being used
to oppose the Communistic abolition of buying and selling**
de ezeknek a szavaknak nincs jelentésük, amikor a vétel és
eladás kommunista eltörlése ellen használják őket
**the words have no meaning when they're being used to
oppose the Bourgeoisie conditions of production being
abolished**
a szavaknak nincs értelmük, amikor a burzsoázia termelési
feltételeinek eltörlése ellen használják őket

and they have no meaning when they're being used to oppose the Bourgeoisie itself being abolished

és nincs értelmük, amikor a burzsoázia felszámolása ellen használják őket

You are horrified at our intending to do away with private property

Elborzadsz attól, hogy meg akarjuk szüntetni a magántulajdont

But in your existing society, private property is already done away with for nine-tenths of the population

De a jelenlegi társadalmatokban a magántulajdon már megszűnt a lakosság kilenctizede számára

the existence of private property for the few is solely due to its non-existence in the hands of nine-tenths of the population

A kevesek magántulajdonának létezése kizárólag annak köszönhető, hogy a lakosság kilenctizedének kezében nem létezik

You reproach us, therefore, with intending to do away with a form of property

Ön tehát szemünkre veti, hogy meg akar szüntetni egy tulajdonformát

but private property necessitates the non-existence of any property for the immense majority of society

De a magántulajdon szükségessé teszi, hogy a társadalom túlnyomó többsége számára semmilyen tulajdon ne létezzen

In one word, you reproach us with intending to do away with your property

Egyszóval szemrehányást tesz nekünk, hogy meg akarjuk szüntetni a tulajdonát

And it is precisely so; doing away with your Property is just what we intend

És pontosan így van; Az ingatlan megszüntetése pontosan az, amit szándékozunk

From the moment when labour can no longer be converted into capital, money, or rent

Attól a pillanattól kezdve, amikor a munkát már nem lehet
tőkévé, pénzzé vagy bérleti díjjá alakítani

**when labour can no longer be converted into a social power
capable of being monopolised**

amikor a munkát már nem lehet monopolizálható társadalmi
hatalommá alakítani

**from the moment when individual property can no longer
be transformed into Bourgeoisie property**

attól a pillanattól kezdve, amikor az egyéni tulajdon már nem
alakítható át burzsoázia tulajdonná

**from the moment when individual property can no longer
be transformed into capital**

attól a pillanattól kezdve, amikor az egyéni tulajdont már nem
lehet tőkévé alakítani

from that moment, you say individuality vanishes

Ettől a pillanattól kezdve azt mondod, hogy az egyéniség
eltűnik

**You must, therefore, confess that by "individual" you mean
no other person than the Bourgeoisie**

Meg kell tehát vallani, hogy "egyén" alatt nem mást értünk,
mint a burzsoáziát

**you must confess it specifically refers to the middle-class
owner of property**

Be kell vallania, hogy kifejezetten a középosztálybeli
ingatlantulajdonosra vonatkozik

**This person must, indeed, be swept out of the way, and
made impossible**

Ezt az embert valóban el kell söpörni az útból, és lehetetlenné
kell tenni

**Communism deprives no man of the power to appropriate
the products of society**

A kommunizmus senkit sem foszt meg attól a hatalomtól,
hogy kisajátítsa a társadalom termékeit

**all that Communism does is to deprive him of the power to
subjugate the labour of others by means of such
appropriation**

a kommunizmus mindössze annyit tesz, hogy megfosztja őt
attól a hatalomtól, hogy ilyen kisajátítással leigázza mások
munkáját

**It has been objected that upon the abolition of private
property all work will cease**

Ellenvetésként elhangzott, hogy a magántulajdon eltörlésével
minden munka megszűnik

**and it is then suggested that universal laziness will overtake
us**

És akkor azt sugallják, hogy az egyetemes lustaság utolér
minket

**According to this, Bourgeoisie society ought long ago to
have gone to the dogs through sheer idleness**

Eszerint a burzsoázia társadalmának már régen puszta
semmittevéssel kellett volna a kutyákhoz mennie

because those of its members who work, acquire nothing

mert azok a tagjai, akik dolgoznak, semmit sem szereznek

and those of its members who acquire anything, do not work

és azok a tagjai, akik bármit megszereznek, nem dolgoznak

**The whole of this objection is but another expression of the
tautology**

Az egész ellenvetés csak a tautológia egy másik kifejeződése

**there can no longer be any wage-labour when there is no
longer any capital**

Nem létezhet többé bérmunka, ha nincs többé tőke

**there is no difference between material products and mental
products**

Nincs különbség az anyagi termékek és a mentális termékek
között

**communism proposes both of these are produced in the
same way**

A kommunizmus azt javasolja, hogy mindkettőt ugyanúgy
állítsák elő

**but the objections against the Communistic modes of
producing these are the same**

de az ellenvetések ezek előállításának kommunista módjai
ellen ugyanazok

**to the Bourgeoisie the disappearance of class property is the
disappearance of production itself**

a burzsoázia számára az osztálytulajdon eltűnése magának a
termelésnek az eltűnése;

**so the disappearance of class culture is to him identical with
the disappearance of all culture**

Tehát az osztálykultúra eltűnése számára azonos minden
kultúra eltűnésével

**That culture, the loss of which he laments, is for the
enormous majority a mere training to act as a machine**

Ez a kultúra, amelynek elvesztését fájlalja, a hatalmas többség
számára puszta képzés arra, hogy gépként működjön

**Communists very much intend to abolish the culture of
Bourgeoisie property**

A kommunisták nagyon is még akarják szüntetni a burzsoázia
tulajdonának kultúráját

**But don't wrangle with us so long as you apply the standard
of your Bourgeoisie notions of freedom, culture, law, etc**

De ne civakodj velünk mindaddig, amíg alkalmazod
burzsoáziád szabadságról, kultúráról, jogról stb. alkotott
fogalmainak mércéjét

**Your very ideas are but the outgrowth of the conditions of
your Bourgeoisie production and Bourgeoisie property**

Az Önök eszméi csak a burzsoázia termelése és a burzsoázia
tulajdona feltételeinek kinövései

**just as your jurisprudence is but the will of your class made
into a law for all**

Mint ahogy a jogtudományotok is más, mint osztályotok
akarata, amelyet mindenki számára törvénnyé tettek

**the essential character and direction of this will are
determined by the economical conditions your social class
create**

Ennek az akaratnak a lényegi jellegét és irányát azok a gazdasági feltételek határozzák meg, amelyeket társadalmi osztályotok teremt

The selfish misconception that induces you to transform social forms into eternal laws of nature and of reason

Az önző tévhit, amely arra késztet benneteket, hogy a társadalmi formákat a természet és az értelem örök törvényeivé alakítsátok át

the social forms springing from your present mode of production and form of property

a jelenlegi termelési módotokból és tulajdonformátokból eredő társadalmi formák

historical relations that rise and disappear in the progress of production

történelmi kapcsolatok, amelyek emelkednek és eltűnnek a termelés előrehaladásában

this misconception you share with every ruling class that has preceded you

Ezt a tévhitet osztjátok meg minden uralkodó osztállyal, amely előttetek volt

What you see clearly in the case of ancient property, what you admit in the case of feudal property

Amit világosan látsz az ősi tulajdon esetében, amit elismersz a feudális tulajdon esetében

these things you are of course forbidden to admit in the case of your own Bourgeoisie form of property

ezeket a dolgokat természetesen tilos beismerni saját burzsoázia tulajdonformád esetében

Abolition of the family! Even the most radical flare up at this infamous proposal of the Communists

A család megszüntetése! Még a legradikálisabbak is fellángolnak a kommunistáknak ezen a hírhedt javaslatán

On what foundation is the present family, the Bourgeoisie family, based?

Milyen alapokra épül a jelenlegi család, a burzsoázia család?

the foundation of the present family is based on capital and private gain

A jelenlegi család alapja a tőke és a személyes nyereség

In its completely developed form this family exists only among the Bourgeoisie

Teljesen fejlett formájában ez a család csak a burzsoázia körében létezik

this state of things finds its complement in the practical absence of the family among the proletarians

Ez a helyzet kiegészíti a család gyakorlati hiányát a proletárok között

this state of things can be found in public prostitution

Ez a helyzet megtalálható a nyilvános prostitúcióban

The Bourgeoisie family will vanish as a matter of course when its complement vanishes

A burzsoázia családja magától értetődően el fog tűnni, ha a komplementer eltűnik

and both of these will will vanish with the vanishing of capital

és mindkét akarat el fog tűnni a tőke eltűnésével

Do you charge us with wanting to stop the exploitation of children by their parents?

Azzal vádolnak bennünket, hogy meg akarjuk állítani a gyermekek szüleik általi kizsákmányolását?

To this crime we plead guilty

Ebben a bűntettben bűnösnek valljuk magunkat

But, you will say, we destroy the most hallowed of relations, when we replace home education by social education

De azt fogják mondani, hogy elpusztítjuk a legszentebb kapcsolatokat, amikor az otthoni oktatást társadalmi neveléssel helyettesítjük

is your education not also social? And is it not determined by the social conditions under which you educate?

Az Ön oktatása nem is szociális? És nem azok a társadalmi feltételek határozzák meg, amelyek között oktatsz?

by the intervention, direct or indirect, of society, by means
of schools, etc.

a társadalom közvetlen vagy közvetett beavatkozásával,
iskolák stb. révén.

The Communists have not invented the intervention of
society in education

Nem a kommunisták találták fel a társadalom beavatkozását
az oktatásba

they do but seek to alter the character of that intervention

csak arra törekszenek, hogy megváltoztassák e beavatkozás
jellegét

and they seek to rescue education from the influence of the
ruling class

és arra törekszenek, hogy megmentsék az oktatást az uralkodó
osztály befolyásától

The Bourgeoisie talk of the hallowed co-relation of parent
and child

A burzsoázia beszél a szülő és a gyermek megszentelt
kapcsolatáról

but this clap-trap about the family and education becomes
all the more disgusting when we look at Modern Industry

de ez a tapscsapda a családról és az oktatásról még
undorítóbbá válik, ha a modern ipart nézzük

all family ties among the proletarians are torn asunder by
modern industry

A proletárok között minden családi köteléket szétszakít a
modern ipar

their children are transformed into simple articles of
commerce and instruments of labour

Gyermekeik egyszerű kereskedelmi cikkekké és
munkaeszközökké válnak

But you Communists would create a community of women,
screams the whole Bourgeoisie in chorus

De ti, kommunisták, nőközösséget hoznátok létre, kiáltja
kórusban az egész burzsoázia

The Bourgeoisie sees in his wife a mere instrument of production

A burzsoázia a feleségében puszta termelési eszközt lát

He hears that the instruments of production are to be exploited by all

Hallja, hogy a termelőeszközöket mindenkinek ki kell használnia

and, naturally, he can come to no other conclusion than that the lot of being common to all will likewise fall to women

és természetesen nem vonhat le más következtetést, mint hogy a mindenki számára közös sors hasonlóképpen a nőkre hárul

He has not even a suspicion that the real point is to do away with the status of women as mere instruments of production

Még csak sejtelme sincs arról, hogy a valódi cél a nők puszta termelési eszközként betöltött státuszának felszámolása

For the rest, nothing is more ridiculous than the virtuous indignation of our Bourgeoisie at the community of women

Ami a többit illeti, semmi sem nevetségesebb, mint burzsoáziánk erényes felháborodása a nők közössége iránt

they pretend it is to be openly and officially established by the Communists

úgy tesznek, mintha a kommunisták nyíltan és hivatalosan létrehoznák

The Communists have no need to introduce community of women, it has existed almost from time immemorial

A kommunistáknak nincs szükségük a női közösség bevezetésére, szinte időtlen idők óta létezik

Our Bourgeoisie are not content with having the wives and daughters of their proletarians at their disposal

Burzsoáziánk nem elégszik meg azzal, hogy proletárjainak feleségei és leányai a rendelkezésükre állnak

they take the greatest pleasure in seducing each other's wives

A legnagyobb örömüket lelik egymás feleségének elcsábításában

and that is not even to speak of common prostitutes

És akkor még nem is beszéltünk a közönséges prostituáltakról
Bourgeoisie marriage is in reality a system of wives in common
A burzsoázia házassága valójában közös feleségrendszer
then there is one thing that the Communists might possibly be reproached with
aztán van egy dolog, amivel a kommunistáknak esetleg szemrehányást tehetnek;
they desire to introduce an openly legalised community of women
Nyíltan legalizált női közösséget kívánnak bevezetni
rather than a hypocritically concealed community of women
a nők képmutatóan eltitkolt közössége helyett
the community of women springing from the system of production
A termelési rendszerből fakadó női közösség
abolish the system of production, and you abolish the community of women
Szüntessék meg a termelési rendszert, és szüntessék meg a nők közösségét
both public prostitution is abolished, and private prostitution
mind az állami prostitúciót, mind a magánprostitúciót eltörlik
The Communists are further more reproached with desiring to abolish countries and nationality
A kommunistáknak még több szemrehányást tesznek azzal, hogy országokat és nemzetiségeket akarnak eltörölni
The working men have no country, so we cannot take from them what they have not got
A dolgozóknak nincs hazájuk, ezért nem vehetjük el tőlük azt, amijük nem volt
the proletariat must first of all acquire political supremacy
A proletariátusnak mindenekelőtt politikai fölényre kell szert tennie
the proletariat must rise to be the leading class of the nation
A proletariátusnak a nemzet vezető osztályává kell válnia

the proletariat must constitute itself the nation

A proletariátusnak nemzetté kell válnia

it is, so far, itself national, though not in the Bourgeoisie sense of the word

eddig maga is nemzeti, bár nem a szó burzsoázia értelmében

National differences and antagonisms between peoples are daily more and more vanishing

A népek közötti nemzeti különbségek és ellentétek napról napra egyre inkább eltűnnek

owing to the development of the Bourgeoisie, to freedom of commerce, to the world-market

a burzsoázia fejlődése, a kereskedelem szabadsága, a világpiac révén

to uniformity in the mode of production and in the conditions of life corresponding thereto

a termelési mód és az annak megfelelő életfeltételek egységessége

The supremacy of the proletariat will cause them to vanish still faster

A proletariátus felsőbbrendűsége miatt még gyorsabban el fognak tűnni

United action, of the leading civilised countries at least, is one of the first conditions for the emancipation of the proletariat

A proletariátus emancipációjának egyik első feltétele az egyesült cselekvés, legalábbis a vezető civilizált országok részéről

In proportion as the exploitation of one individual by another is put an end to, the exploitation of one nation by another will also be put an end to

Amilyen mértékben véget vetünk az egyik egyén kizsákmányolásának a másik által, olyan mértékben szűnik meg az egyik nemzet kizsákmányolása a másik által

In proportion as the antagonism between classes within the nation vanishes, the hostility of one nation to another will come to an end

Amilyen mértékben eltűnik a nemzeten belüli osztályok
közötti ellentét, olyan mértékben szűnik meg az egyik nemzet
ellenségessége a másikkal szemben
**The charges against Communism made from a religious, a
philosophical, and, generally, from an ideological
standpoint, are not deserving of serious examination**
A kommunizmus ellen vallási, filozófiai és általában
ideológiai szempontból felhozott vádak nem érdemelnek
komoly vizsgálatot
**Does it require deep intuition to comprehend that man's
ideas, views and conceptions changes with every change in
the conditions of his material existence?**
Mély intuícióra van-e szükség annak megértéséhez, hogy az
ember eszméi, nézetei és elképzelései anyagi léte feltételeinek
minden változásával változnak?
**is it not obvious that man's consciousness changes when his
social relations and his social life changes?**
Nem nyilvánvaló-e, hogy az ember tudata megváltozik,
amikor társadalmi kapcsolatai és társadalmi élete
megváltozik?
**What else does the history of ideas prove, than that
intellectual production changes its character in proportion as
material production is changed?**
Mi mást bizonyít az eszmetörténet, mint azt, hogy a szellemi
termelés az anyagi termelés változásával arányosan változtatja
meg jellegét?
**The ruling ideas of each age have ever been the ideas of its
ruling class**
Minden korszak uralkodó eszméi mindig is az uralkodó
osztály eszméi voltak
**When people speak of ideas that revolutionise society, they
do but express one fact**
Amikor az emberek olyan eszmékről beszélnek, amelyek
forradalmasítják a társadalmat, csak egy tényt fejeznek ki
**within the old society, the elements of a new one have been
created**

A régi társadalomban egy új elemei jöttek létre
and that the dissolution of the old ideas keeps even pace
with the dissolution of the old conditions of existence
és hogy a régi eszmék felbomlása lépést tart a régi létfeltételek
felbomlásával
When the ancient world was in its last throes, the ancient
religions were overcome by Christianity
Amikor az ókori világ utolsó tusáját élte, az ősi vallásokat
legyőzte a kereszténység
When Christian ideas succumbed in the 18th century to
rationalist ideas, feudal society fought its death battle with
the then revolutionary Bourgeoisie
Amikor a keresztény eszmék a 18. században megadták
magukat a racionalista eszméknek, a feudális társadalom
megvívta halálos csatáját az akkori forradalmi burzsoáziával
The ideas of religious liberty and freedom of conscience
merely gave expression to the sway of free competition
within the domain of knowledge
A vallásszabadság és a lelkiismereti szabadság eszméi csupán
a tudás területén belüli szabad verseny uralmát fejezték ki
"Undoubtedly," it will be said, "religious, moral,
philosophical and juridical ideas have been modified in the
course of historical development"
"Kétségtelen – mondják majd –, hogy a vallási, erkölcsi,
filozófiai és jogi elképzelések a történelmi fejlődés során
módosultak
"But religion, morality philosophy, political science, and
law, constantly survived this change"
"De a vallás, az erkölcs, a filozófia, a politikatudomány és a jog
folyamatosan túlélte ezt a változást"
"There are also eternal truths, such as Freedom, Justice, etc"
"Vannak örök igazságok is, mint például a szabadság, az
igazságosság stb."
"these eternal truths are common to all states of society"
"Ezek az örök igazságok közösek a társadalom minden
állapotában"

"But Communism abolishes eternal truths, it abolishes all religion, and all morality"

"De a kommunizmus eltörli az örök igazságokat, eltöröl minden vallást és minden erkölcsöt"

"it does this instead of constituting them on a new basis"

"Ezt teszi ahelyett, hogy új alapokra helyezné őket"

"it therefore acts in contradiction to all past historical experience"

"Ezért ellentmond minden múltbeli történelmi tapasztalatnak"

What does this accusation reduce itself to?

Mire redukálódik ez a vád?

The history of all past society has consisted in the development of class antagonisms

Az összes múltbeli társadalom története az osztályellentétek kialakulásában állt

antagonisms that assumed different forms at different epochs

antagonizmusok, amelyek különböző korszakokban különböző formákat öltöttek

But whatever form they may have taken, one fact is common to all past ages

De bármilyen formát öltsenek is, egy tény közös minden elmúlt korszakban

the exploitation of one part of society by the other

a társadalom egyik részének kizsákmányolása a másik által;

No wonder, then, that the social consciousness of past ages moves within certain common forms, or general ideas

Nem csoda tehát, hogy az elmúlt korok társadalmi tudata bizonyos közös formákon vagy általános eszméken belül mozog

(and that is despite all the multiplicity and variety it displays)

(és ez annak ellenére van, hogy milyen sokféle és változatos képet mutat)

and these cannot completely vanish except with the total disappearance of class antagonisms

és ezek csak az osztályellentétek teljes eltűnésével tűnhetnek el teljesen;

The Communist revolution is the most radical rupture with traditional property relations

A kommunista forradalom a legradikálisabb szakítás a hagyományos tulajdonviszonyokkal

no wonder that its development involves the most radical rupture with traditional ideas

Nem csoda, hogy fejlődése a legradikálisabb szakítást jelenti a hagyományos eszmékkel

But let us have done with the Bourgeoisie objections to Communism

De végezzünk a burzsoáziának a kommunizmussal szembeni ellenvetéseivel

We have seen above the first step in the revolution by the working class

Láttuk fent a munkásosztály forradalmának első lépését

proletariat has to be raised to the position of ruling, to win the battle of democracy

A proletariátust uralkodó pozícióba kell emelni, hogy megnyerje a demokrácia csatáját

The proletariat will use its political supremacy to wrest, by degrees, all capital from the Bourgeoisie

A proletariátus arra fogja használni politikai felsőbbrendűségét, hogy fokozatosan kiragadja az összes tőkét a burzsoáziából

it will centralise all instruments of production in the hands of the State

központosítja az összes termelőeszközt az állam kezében

in other words, the proletariat organised as the ruling class

Más szóval, a proletariátus uralkodó osztályként szerveződött

and it will increase the total of productive forces as rapidly as possible

és a lehető leggyorsabban növelni fogja a termelőerők összességét

Of course, in the beginning, this cannot be effected except by means of despotic inroads on the rights of property

Természetesen kezdetben ez csak a tulajdonjogok despotikus megsértésével érhető el

and it has to be achieved on the conditions of Bourgeoisie production

és ezt a burzsoázia termelésének feltételei mellett kell elérni

it is achieved by means of measures, therefore, which appear economically insufficient and untenable

ezért olyan intézkedésekkel érhető el, amelyek gazdaságilag elégtelennek és tarthatatlannak tűnnek

but these means, in the course of the movement, outstrip themselves

De ezek az eszközök a mozgalom során meghaladják magukat

they necessitate further inroads upon the old social order

szükségessé teszik a régi társadalmi rend további megsértését

and they are unavoidable as a means of entirely revolutionising the mode of production

és elkerülhetetlenek, mint a termelési mód teljes forradalmasításának eszközei

These measures will of course be different in different countries

Ezek az intézkedések természetesen eltérőek lesznek a különböző országokban

Nevertheless in the most advanced countries, the following will be pretty generally applicable

Mindazonáltal a legfejlettebb országokban a következők meglehetősen általánosan alkalmazhatók

1. Abolition of property in land and application of all rents of land to public purposes.

1. A földtulajdon megszüntetése és minden földbérlet közcélokra történő alkalmazása.

2. A heavy progressive or graduated income tax.

2. Súlyos progresszív vagy sávos jövedelemadó.

3. Abolition of all right of inheritance.

3. Minden öröklési jog eltörlése.

4. Confiscation of the property of all emigrants and rebels.

4. Az összes kivándorló és lázadó vagyonának elkobzása.

5. Centralisation of credit in the hands of the State, by means of a national bank with State capital and an exclusive monopoly.

5. A hitel központosítása az állam kezében, állami tőkével és kizárólagos monopóliummal rendelkező nemzeti bank révén.

6. Centralisation of the means of communication and transport in the hands of the State.

6. A kommunikációs és közlekedési eszközök központosítása az állam kezében.

7. Extension of factories and instruments of production owned by the State

7. Az állam tulajdonában lévő gyárak és termelőeszközök bővítése

the bringing into cultivation of waste-lands, and the improvement of the soil generally in accordance with a common plan.

a parlagon heverő területek művelés alá vonása és általában a talaj javítása egy közös terv szerint.

8. Equal liability of all to labour

8. Mindenki egyenlő felelősséggel tartozik a munkával szemben

Establishment of industrial armies, especially for agriculture.

Ipari hadseregek létrehozása, különösen a mezőgazdaság számára.

9. Combination of agriculture with manufacturing industries

9. A mezőgazdaság és a feldolgozóipar összekapcsolása

gradual abolition of the distinction between town and country, by a more equable distribution of the population over the country.

a város és a falu közötti megkülönböztetés fokozatos megszüntetése a lakosság egyenlőbb eloszlásával az országban.

10. Free education for all children in public schools.

10. Ingyenes oktatás minden gyermek számára az állami iskolákban.

Abolition of children's factory labour in its present form
A gyermekek gyári munkájának eltörlése jelenlegi formájában
Combination of education with industrial production
Az oktatás és az ipari termelés kombinációja
When, in the course of development, class distinctions have disappeared
Amikor a fejlődés során eltűntek az osztálykülönbségek
and when all production has been concentrated in the hands of a vast association of the whole nation
és amikor minden termelés az egész nemzet hatalmas szövetségének kezében összpontosult
then the public power will lose its political character
Akkor a közhatalom elveszíti politikai jellegét
Political power, properly so called, is merely the organised power of one class for oppressing another
A politikai hatalom, helyesen így nevezve, nem más, mint az egyik osztály szervezett hatalma a másik elnyomására
If the proletariat during its contest with the Bourgeoisie is compelled, by the force of circumstances, to organise itself as a class
Ha a proletariátus a burzsoáziával folytatott harca során a körülmények erejénél fogva arra kényszerül, hogy osztályként szerveződjön
if, by means of a revolution, it makes itself the ruling class
ha forradalom útján uralkodó osztállyá teszi magát
and, as such, it sweeps away by force the old conditions of production
és mint ilyen, erőszakkal elsöpri a termelés régi feltételeit
then it will, along with these conditions, have swept away the conditions for the existence of class antagonisms and of classes generally
akkor ezekkel a feltételekkel együtt elsöpörte volna az osztályellentétek és általában az osztályok létezésének feltételeit

**and will thereby have abolished its own supremacy as a
class.**

és ezáltal eltörli saját felsőbbrendűségét, mint osztályt.

**In place of the old Bourgeoisie society, with its classes and
class antagonisms, we shall have an association**

A régi burzsoázia társadalma helyett, annak osztályaival és
osztályellentéteivel, egyesületünk lesz

**an association in which the free development of each is the
condition for the free development of all**

olyan társulás, amelyben mindenki szabad fejlődése mindenki
szabad fejlődésének feltétele

1) Reactionary Socialism
1) Reakciós szocializmus

a) Feudal Socialism
a) Feudális szocializmus

the aristocracies of France and England had a unique historical position
Franciaország és Anglia arisztokráciái egyedülálló történelmi helyzetben voltak
it became their vocation to write pamphlets against modern Bourgeoisie society
hivatásukká vált, hogy röpiratokat írjanak a modern burzsoázia társadalma ellen
In the French revolution of July 1830, and in the English reform agitation
Az 1830. júliusi francia forradalomban és az angol reformagitációban
these aristocracies again succumbed to the hateful upstart
Ezek az arisztokráciák ismét megadták magukat a gyűlöletes felemelkedésnek
Thenceforth, a serious political contest was altogether out of the question
Ettől kezdve a komoly politikai versengés szóba sem jöhetett
All that remained possible was literary battle, not an actual battle
Csak irodalmi csata maradt lehetséges, nem tényleges csata
But even in the domain of literature the old cries of the restoration period had become impossible
De még az irodalom területén is lehetetlenné váltak a restauráció korának régi kiáltásai
In order to arouse sympathy, the aristocracy were obliged to lose sight, apparently, of their own interests
Az együttérzés felkeltése érdekében az arisztokrácia kénytelen volt szem elől téveszteni, nyilvánvalóan saját érdekeiket

and they were obliged to formulate their indictment against
the Bourgeoisie in the interest of the exploited working class
és kénytelenek voltak a burzsoázia elleni vádiratukat a
kizsákmányolt munkásosztály érdekében megfogalmazni
Thus the aristocracy took their revenge by singing lampoons
on their new master
Így az arisztokrácia bosszút állt azzal, hogy gúnyolódásokat
énekelt új mesterüknek
and they took their revenge by whispering in his ears
sinister prophecies of coming catastrophe
És bosszút álltak azzal, hogy baljós próféciákat suttogtak a
fülébe a közelgő katasztrófáról
In this way arose Feudal Socialism: half lamentation, half
lampoon
Így jött létre a feudális szocializmus: félig siránkozás, félig
gúnyolódás
it rung as half echo of the past, and projected half menace of
the future
félig a múlt visszhangjaként hangzott, félig pedig a jövő
fenyegetéseként
at times, by its bitter, witty and incisive criticism, it struck
the Bourgeoisie to the very heart's core
olykor keserű, szellemes és éles kritikájával szívvel-lélekkel
sújtotta a burzsoáziát
but it was always ludicrous in its effect, through total
incapacity to comprehend the march of modern history
de mindig nevetséges volt a hatása, mivel teljesen képtelen
volt megérteni a modern történelem menetét
The aristocracy, in order to rally the people to them, waved
the proletarian alms-bag in front for a banner
Az arisztokrácia, hogy összegyűjtse az embereket, a proletár
alamizsnazsákot egy zászló előtt intette
But the people, so often as it joined them, saw on their
hindquarters the old feudal coats of arms
De a nép, olyan gyakran, amikor csatlakozott hozzájuk, látta a
hátsó negyedükön a régi feudális címereket

and they deserted with loud and irreverent laughter

és hangos és tiszteletlen nevetéssel dezertáltak

One section of the French Legitimists and "Young England" exhibited this spectacle

A francia legitimisták és az "Ifjú Anglia" egyik szekciója kiállította ezt a látványt

the feudalists pointed out that their mode of exploitation was different to that of the Bourgeoisie

a feudalisták rámutattak, hogy kizsákmányolási módjuk különbözik a burzsoáziáétól

the feudalists forget that they exploited under circumstances and conditions that were quite different

A feudalisták elfelejtik, hogy egészen más körülmények között és körülmények között használták ki

and they didn't notice such methods of exploitation are now antiquated

És nem vették észre, hogy az ilyen kizsákmányolási módszerek ma már elavultak

they showed that, under their rule, the modern proletariat never existed

Megmutatták, hogy uralmuk alatt a modern proletariátus soha nem létezett

but they forget that the modern Bourgeoisie is the necessary offspring of their own form of society

de elfelejtik, hogy a modern burzsoázia saját társadalmi formájának szükséges utódja

For the rest, they hardly conceal the reactionary character of their criticism

Egyébként aligha rejtik véka alá kritikájuk reakciós jellegét

their chief accusation against the Bourgeoisie amounts to the following

fő vádjuk a burzsoázia ellen a következő:

under the Bourgeoisie regime a social class is being developed

a burzsoázia uralma alatt társadalmi osztály alakul ki

this social class is destined to cut up root and branch the old order of society

Ennek a társadalmi osztálynak az a rendeltetése, hogy gyökerestül szétzúzza a társadalom régi rendjét

What they upbraid the Bourgeoisie with is not so much that it creates a proletariat

Nem annyira azzal nevelik a burzsoáziát, hogy proletariátust teremt

what they upbraid the Bourgeoisie with is moreso that it creates a revolutionary proletariat

amivel a burzsoáziát nevelik, az inkább az, hogy forradalmi proletariátust hoz létre

In political practice, therefore, they join in all coercive measures against the working class

A politikai gyakorlatban ezért csatlakoznak a munkásosztály elleni minden kényszerítő intézkedéshez

and in ordinary life, despite their highfalutin phrases, they stoop to pick up the golden apples dropped from the tree of industry

És a hétköznapi életben, magas falutin kifejezéseik ellenére, lehajolnak, hogy felvegyék az ipar fájáról leesett aranyalmákat

and they barter truth, love, and honour for commerce in wool, beetroot-sugar, and potato spirits

és elcserélik az igazságot, a szeretetet és a becsületet a gyapjú-, céklacukor- és burgonyapárlat kereskedelméért

As the parson has ever gone hand in hand with the landlord, so has Clerical Socialism with Feudal Socialism

Ahogy a plébános mindig kéz a kézben járt a földesúrral, úgy járt a klerikális szocializmus a feudális szocializmussal

Nothing is easier than to give Christian asceticism a Socialist tinge

Semmi sem könnyebb, mint szocialista színezetet adni a keresztény aszketizmusnak

Has not Christianity declaimed against private property, against marriage, against the State?

A kereszténység nem a magántulajdon, a házasság, az állam ellen emelt-e szót?

Has Christianity not preached in the place of these, charity and poverty?

Nem a kereszténység prédikált-e ezek helyett, a szeretetet és a szegénységet?

Does Christianity not preach celibacy and mortification of the flesh, monastic life and Mother Church?

A kereszténység nem a cölibátust és a test sanyargatását, a szerzetesi életet és az Anyaszentegyházat hirdeti?

Christian Socialism is but the holy water with which the priest consecrates the heart-burnings of the aristocrat

A keresztényszocializmus nem más, mint a szenteltvíz, amellyel a pap megszenteli az arisztokrata szívégését

b) Petty-Bourgeois Socialism
b) Kispolgári szocializmus

The feudal aristocracy was not the only class that was ruined by the Bourgeoisie
A feudális arisztokrácia nem volt az egyetlen osztály, amelyet a burzsoázia tönkretett

it was not the only class whose conditions of existence pined and perished in the atmosphere of modern Bourgeoisie society
nem ez volt az egyetlen osztály, amelynek létfeltételei a modern burzsoázia társadalmának légkörében rögzültek és pusztultak el

The medieval burgesses and the small peasant proprietors were the precursors of the modern Bourgeoisie
A középkori burgessek és a kisparaszti birtokosok voltak a modern burzsoázia előfutárai

In those countries which are but little developed, industrially and commercially, these two classes still vegetate side by side
Azokban az országokban, amelyek iparilag és kereskedelmileg kevéssé fejlettek, ez a két osztály még mindig egymás mellett vegetál

and in the meantime the Bourgeoisie rise up next to them: industrially, commercially, and politically
és közben a burzsoázia felemelkedik mellettük: iparilag, kereskedelmileg és politikailag

In countries where modern civilisation has become fully developed, a new class of petty Bourgeoisie has been formed
Azokban az országokban, ahol a modern civilizáció teljesen kifejlődött, a kispolgárság új osztálya alakult ki

this new social class fluctuates between proletariat and Bourgeoisie
ez az új társadalmi osztály a proletariátus és a burzsoázia között ingadozik

and it is ever renewing itself as a supplementary part of Bourgeoisie society

és a burzsoázia társadalmának kiegészítő részeként mindig megújul

The individual members of this class, however, are being constantly hurled down into the proletariat

Ennek az osztálynak az egyes tagjait azonban állandóan letaszítják a proletariátusba

they are sucked up by the proletariat through the action of competition

a proletariátus felszívja őket a verseny tevékenységén keresztül

as modern industry develops they even see the moment approaching when they will completely disappear as an independent section of modern society

Ahogy a modern ipar fejlődik, még azt a pillanatot is közeledik, amikor a modern társadalom független részeként teljesen eltűnik

they will be replaced, in manufactures, agriculture and commerce, by overlookers, bailiffs and shopmen

Ezeket a manufaktúrákban, a mezőgazdaságban és a kereskedelemben felügyelők, végrehajtók és kereskedők fogják helyettesíteni

In countries like France, where the peasants constitute far more than half of the population

Olyan országokban, mint Franciaország, ahol a parasztok a lakosság több mint felét teszik ki

it was natural that there there are writers who sided with the proletariat against the Bourgeoisie

természetes volt, hogy vannak írók, akik a proletariátus oldalára álltak a burzsoáziával szemben

in their criticism of the Bourgeoisie regime they used the standard of the peasant and petty Bourgeoisie

a burzsoázia rendszerének kritikájában a paraszti és kispolgári színvonalat használták

and from the standpoint of these intermediate classes they take up the cudgels for the working class

és ezeknek a köztes osztályoknak a szemszögéből veszik fel a munkásosztály ölelését

Thus arose petty-Bourgeoisie Socialism, of which Sismondi was the head of this school, not only in France but also in England

Így jött létre a kispolgári szocializmus, amelynek Sismondi volt a feje, nemcsak Franciaországban, hanem Angliában is

This school of Socialism dissected with great acuteness the contradictions in the conditions of modern production

A szocializmusnak ez az iskolája nagy élességgel boncolgatta a modern termelés feltételeinek ellentmondásait

This school laid bare the hypocritical apologies of economists

Ez az iskola leleplezte a közgazdászok képmutató mentegetőzését

This school proved, incontrovertibly, the disastrous effects of machinery and division of labour

Ez az iskola vitathatatlanul bebizonyította a gépek és a munkamegosztás katasztrofális hatásait

it proved the concentration of capital and land in a few hands

Bebizonyította, hogy a tőke és a föld néhány kézben koncentrálódik

it proved how overproduction leads to Bourgeoisie crises

bebizonyította, hogy a túltermelés burzsoázia válságokhoz vezet

it pointed out the inevitable ruin of the petty Bourgeoisie and peasant

rámutatott a kispolgárság és paraszt elkerülhetetlen pusztulására

the misery of the proletariat, the anarchy in production, the crying inequalities in the distribution of wealth

A proletariátus nyomorúsága, a termelés anarchiája, a javak elosztásának kiáltó egyenlőtlenségei

it showed how the system of production leads the industrial
war of extermination between nations
Megmutatta, hogy a termelési rendszer hogyan vezeti a
nemzetek közötti ipari megsemmisítési háborút
the dissolution of old moral bonds, of the old family
relations, of the old nationalities
a régi erkölcsi kötelékek, a régi családi viszonyok, a régi
nemzetiségek felbomlása
In its positive aims, however, this form of Socialism aspires
to achieve one of two things
Pozitív céljaiban azonban a szocializmusnak ez a formája két
dolog egyikét kívánja elérni
either it aims to restore the old means of production and of
exchange
vagy a régi termelési és csereeszközök visszaállítására
törekszik
and with the old means of production it would restore the
old property relations, and the old society
és a régi termelőeszközökkel helyreállítaná a régi
tulajdonviszonyokat és a régi társadalmat
or it aims to cramp the modern means of production and
exchange into the old framework of the property relations
vagy arra törekszik, hogy a modern termelési és
csereeszközöket a tulajdonviszonyok régi kereteibe szorítsa
In either case, it is both reactionary and Utopian
Mindkét esetben reakciós és utópisztikus
Its last words are: corporate guilds for manufacture,
patriarchal relations in agriculture
Utolsó szavai: vállalati céhek a manufaktúrákhoz,
patriarchális kapcsolatok a mezőgazdaságban
Ultimately, when stubborn historical facts had dispersed all
intoxicating effects of self-deception
Végül, amikor a makacs történelmi tények eloszlatták az
önámítás minden mámorító hatását
this form of Socialism ended in a miserable fit of pity

a szocializmusnak ez a formája a szánalom nyomorúságos rohamával végződött

c) German, or "True," Socialism
c) Német vagy "igazi" szocializmus

The Socialist and Communist literature of France originated under the pressure of a Bourgeoisie in power
Franciaország szocialista és kommunista irodalma a hatalmon lévő burzsoázia nyomása alatt keletkezett
and this literature was the expression of the struggle against this power
És ez az irodalom az e hatalom elleni küzdelem kifejeződése volt
it was introduced into Germany at a time when the Bourgeoisie had just begun its contest with feudal absolutism
akkor vezették be Németországba, amikor a burzsoázia éppen megkezdte a feudális abszolutizmussal folytatott harcát
German philosophers, would-be philosophers, and beaux esprits, eagerly seized on this literature
A német filozófusok, leendő filozófusok és beaux espritek mohón ragadták meg ezt az irodalmat
but they forgot that the writings immigrated from France into Germany without bringing the French social conditions along
de elfelejtették, hogy az írások Franciaországból vándoroltak Németországba anélkül, hogy magukkal hozták volna a francia társadalmi viszonyokat
In contact with German social conditions, this French literature lost all its immediate practical significance
A német társadalmi viszonyokkal érintkezve ez a francia irodalom elvesztette minden közvetlen gyakorlati jelentőségét
and the Communist literature of France assumed a purely literary aspect in German academic circles

és a francia kommunista irodalom tisztán irodalmi jelleget öltött német akadémiai körökben

Thus, the demands of the first French Revolution were nothing more than the demands of "Practical Reason"

Így az első francia forradalom követelései nem voltak mások, mint a "gyakorlati ész" követelései

and the utterance of the will of the revolutionary French Bourgeoisie signified in their eyes the law of pure Will

és a forradalmi francia burzsoázia akaratának kimondása a tiszta akarat törvényét jelentette a szemükben

it signified Will as it was bound to be; of true human Will generally

úgy jelezte az akaratot, amilyennek lennie kellett; az igaz emberi akarat általában;

The world of the German literati consisted solely in bringing the new French ideas into harmony with their ancient philosophical conscience

A német literátusok világa kizárólag abból állt, hogy az új francia eszméket összhangba hozza ősi filozófiai lelkiismeretükkel

or rather, they annexed the French ideas without deserting their own philosophic point of view

vagy inkább csatolták a francia eszméket anélkül, hogy elhagyták volna saját filozófiai nézőpontjukat

This annexation took place in the same way in which a foreign language is appropriated, namely, by translation

Ez az annektálás ugyanúgy történt, mint egy idegen nyelv kisajátítása, nevezetesen fordítás útján

It is well known how the monks wrote silly lives of Catholic Saints over manuscripts

Jól ismert, hogy a szerzetesek hogyan írták a katolikus szentek ostoba életét a kéziratok fölé

the manuscripts on which the classical works of ancient heathendom had been written

A kéziratok, amelyekre az ókori pogányság klasszikus műveit írták

The German literati reversed this process with the profane
French literature
A német literátusok megfordították ezt a folyamatot a profán
francia irodalommal
They wrote their philosophical nonsense beneath the French
original
Filozófiai ostobaságaikat a francia eredeti alá írták
For instance, beneath the French criticism of the economic
functions of money, they wrote "Alienation of Humanity"
Például a pénz gazdasági funkcióinak francia kritikája alatt
megírták "Az emberiség elidegenedése"
beneath the French criticism of the Bourgeoisie State they
wrote "dethronement of the Category of the General"
a burzsoázia államának francia kritikája alatt azt írták, hogy "a
tábornok kategóriájának trónfosztása"
The introduction of these philosophical phrases at the back
of the French historical criticisms they dubbed:
Ezeknek a filozófiai kifejezéseknek a bevezetése az általuk
nevezett francia történelmi kritikák hátulján:
"Philosophy of Action," "True Socialism," "German Science
of Socialism," "Philosophical Foundation of Socialism," and
so on
"A cselekvés filozófiája", "Az igazi szocializmus", "A
szocializmus német tudománya", "A szocializmus filozófiai
alapja" és így tovább
The French Socialist and Communist literature was thus
completely emasculated
A francia szocialista és kommunista irodalom így teljesen
elférfiasodott
in the hands of the German philosophers it ceased to express
the struggle of one class with the other
a német filozófusok kezében megszűnt kifejezni az egyik
osztály küzdelmét a másikkal
and so the German philosophers felt conscious of having
overcome "French one-sidedness"

és így a német filozófusok tudatában voltak annak, hogy
legyőzték a "francia egyoldalúságot"

**it did not have to represent true requirements, rather, it
represented requirements of truth**

Nem kellett valódi követelményeket képviselnie, hanem az
igazság követelményeit

**there was no interest in the proletariat, rather, there was
interest in Human Nature**

nem volt érdeklődés a proletariátus iránt, inkább az emberi
természet iránt érdeklődött

**the interest was in Man in general, who belongs to no class,
and has no reality**

az érdeklődés általában az Ember iránt irányult, aki nem
tartozik egyetlen osztályhoz sem, és nincs realitása

**a man who exists only in the misty realm of philosophical
fantasy**

Egy ember, aki csak a filozófiai fantázia ködös birodalmában
létezik

**but eventually this schoolboy German Socialism also lost its
pedantic innocence**

de végül ez az iskolás német szocializmus is elvesztette
pedáns ártatlanságát

**the German Bourgeoisie, and especially the Prussian
Bourgeoisie fought against feudal aristocracy**

a német burzsoázia és különösen a porosz burzsoázia harcolt a
feudális arisztokrácia ellen

**the absolute monarchy of Germany and Prussia was also
being faught against**

Németország és Poroszország abszolút monarchiáját is
támadták

**and in turn, the literature of the liberal movement also
became more earnest**

És viszont a liberális mozgalom irodalma is komolyabbá vált

**Germany's long wished-for opportunity for "true" Socialism
was offered**

Németország régóta áhított lehetősége az "igazi"
szocializmusra kínálkozott;
**the opportunity of confronting the political movement with
the Socialist demands**
a politikai mozgalom szembesítésének lehetősége a szocialista
követelésekkel
**the opportunity of hurling the traditional anathemas against
liberalism**
a liberalizmus elleni hagyományos anatémák dobásának
lehetősége
**the opportunity to attack representative government and
Bourgeoisie competition**
a képviseleti kormány és a burzsoázia versenyének
megtámadásának lehetősége
**Bourgeoisie freedom of the press, Bourgeoisie legislation,
Bourgeoisie liberty and equality**
Burzsoázia sajtószabadsága, burzsoázia törvényhozása,
burzsoázia szabadsága és egyenlősége
**all of these could now be critiqued in the real world, rather
than in fantasy**
Mindezeket most már inkább a való világban lehetne
kritizálni, mint a fantáziában
**feudal aristocracy and absolute monarchy had long preached
to the masses**
A feudális arisztokrácia és az abszolút monarchia már régóta
prédikált a tömegeknek
**"the working man has nothing to lose, and he has everything
to gain"**
"A dolgozó embernek nincs vesztenivalója, és mindent
nyerhet"
**the Bourgeoisie movement also offered a chance to confront
these platitudes**
a burzsoázia mozgalom is lehetőséget kínált arra, hogy
szembenézzen ezekkel a közhelyekkel
**the French criticism presupposed the existence of modern
Bourgeoisie society**

a francia kritika feltételezte a modern burzsoázia
társadalmának létezését
**Bourgeoisie economic conditions of existence and
Bourgeoisie political constitution**
A burzsoázia gazdasági létfeltételei és a burzsoázia politikai
alkotmánya
**the very things whose attainment was the object of the
pending struggle in Germany**
éppen azokat a dolgokat, amelyek elérése a Németországban
függőben lévő harc tárgya volt
**Germany's silly echo of socialism abandoned these goals
just in the nick of time**
Németország ostoba visszhangja a szocializmusról éppen az
idő múlásával hagyta el ezeket a célokat
**the absolute governments had their following of parsons,
professors, country squires and officials**
Az abszolút kormányok követték a plébánosokat,
professzorokat, vidéki mókusokat és tisztviselőket
**the government of the time met the German working-class
risings with floggings and bullets**
az akkori kormány korbácsolással és golyókkal válaszolt a
német munkásosztály felkelésére
**for them this socialism served as a welcome scarecrow
against the threatening Bourgeoisie**
számukra ez a szocializmus üdvözlendő madárijesztőként
szolgált a fenyegető burzsoázia ellen
**and the German government was able to offer a sweet
dessert after the bitter pills it handed out**
és a német kormány édes desszertet tudott kínálni az általa
kiosztott keserű tabletták után
**this "True" Socialism thus served the governments as a
weapon for fighting the German Bourgeoisie**
ez az "igazi" szocializmus tehát fegyverként szolgált a
kormányoknak a német burzsoázia elleni harcban
**and, at the same time, it directly represented a reactionary
interest; that of the German Philistines**

ugyanakkor közvetlenül reakciós érdeket képviselt; a német filiszteusé;

In Germany the petty Bourgeoisie class is the real social basis of the existing state of things

Németországban a kispolgári osztály a fennálló helyzet valódi társadalmi alapja

a relique of the sixteenth century that has constantly been cropping up under various forms

A tizenhatodik század emléke, amely folyamatosan felbukkan különböző formákban

To preserve this class is to preserve the existing state of things in Germany

Ennek az osztálynak a megőrzése azt jelenti, hogy megőrizzük a dolgok jelenlegi állapotát Németországban

The industrial and political supremacy of the Bourgeoisie threatens the petty Bourgeoisie with certain destruction

A burzsoázia ipari és politikai felsőbbrendűsége biztos pusztulással fenyegeti a kispolgárságot

on the one hand, it threatens to destroy the petty Bourgeoisie through the concentration of capital

egyrészt azzal fenyeget, hogy a tőke koncentrációja révén elpusztítja a kispolgárságot

on the other hand, the Bourgeoisie threatens to destroy it through the rise of a revolutionary proletariat

másrészt a burzsoázia azzal fenyeget, hogy a forradalmi proletariátus felemelkedésével elpusztítja

"True" Socialism appeared to kill these two birds with one stone. It spread like an epidemic

Úgy tűnt, hogy az "igazi" szocializmus egy csapásra megölte ezt a két madarat. Úgy terjedt, mint egy járvány

The robe of speculative cobwebs, embroidered with flowers of rhetoric, steeped in the dew of sickly sentiment

A spekulatív pókhálók köntöse, a retorika virágaival hímezve, beteges érzelmek harmatával átitatva

this transcendental robe in which the German Socialists wrapped their sorry "eternal truths"

ez a transzcendentális köntös, amelybe a német szocialisták
beburkolták sajnálatos "örök igazságaikat"
**all skin and bone, served to wonderfully increase the sale of
their goods amongst such a public**
Minden bőr és csont csodálatosan növelte áruik eladását egy
ilyen közönség körében
**And on its part, German Socialism recognised, more and
more, its own calling**
És a maga részéről a német szocializmus egyre inkább
felismerte saját hivatását
**it was called to be the bombastic representative of the petty-
Bourgeoisie Philistine**
a kispolgári filiszteus bombasztikus képviselőjének hívták
**It proclaimed the German nation to be the model nation, and
German petty Philistine the model man**
A német nemzetet kiáltotta ki mintanemzetnek, a német
kisfiliszteust pedig mintaembernek
**To every villainous meanness of this model man it gave a
hidden, higher, Socialistic interpretation**
Ennek a mintaembernek minden gonosz aljasságához rejtett,
magasabb, szocialista értelmezést adott
**this higher, Socialistic interpretation was the exact contrary
of its real character**
ez a magasabb, szocialista értelmezés éppen az ellenkezője
volt valódi jellegének
**It went to the extreme length of directly opposing the
"brutally destructive" tendency of Communism**
A végletekig elment, hogy közvetlenül szembeszállt a
kommunizmus "brutálisan destruktív" tendenciájával
**and it proclaimed its supreme and impartial contempt of all
class struggles**
és kijelentette, hogy a legnagyobb mértékben és pártatlanul
semmibe vesz minden osztályharcot
**With very few exceptions, all the so-called Socialist and
Communist publications that now (1847) circulate in**

Germany belong to the domain of this foul and enervating literature

Nagyon kevés kivételtől eltekintve az összes úgynevezett szocialista és kommunista kiadvány, amely ma (1847) Németországban kering, ennek a rossz és enervált irodalomnak a területéhez tartozik

2) Conservative Socialism, or Bourgeoisie Socialism

2) Konzervatív szocializmus vagy burzsoázia szocializmus

A part of the Bourgeoisie is desirous of redressing social grievances

A burzsoázia egy része a társadalmi sérelmek orvoslására törekszik

in order to secure the continued existence of Bourgeoisie society

a burzsoázia társadalom fennmaradásának biztosítása érdekében

To this section belong economists, philanthropists, humanitarians

Ebbe a szekcióba tartoznak a közgazdászok, filantrópok, humanitáriusok

improvers of the condition of the working class and organisers of charity

a munkásosztály helyzetének javítói és a jótékonyság szervezői

members of societies for the prevention of cruelty to animals

Az állatokkal szembeni kegyetlenség megelőzésére létrehozott társaságok tagjai

temperance fanatics, hole-and-corner reformers of every imaginable kind

A mértékletesség fanatikusai, mindenféle elképzelhető reformerek

This form of Socialism has, moreover, been worked out into complete systems

A szocializmusnak ezt a formáját ráadásul teljes rendszerré dolgozták ki

We may cite Proudhon's "Philosophie de la Misère" as an example of this form

Példaként említhetjük Proudhon "Philosophie de la Misère" című művét

The Socialistic Bourgeoisie want all the advantages of modern social conditions

A szocialista burzsoázia a modern társadalmi viszonyok minden előnyét akarja

but the Socialistic Bourgeoisie don't necessarily want the resulting struggles and dangers

de a szocialista burzsoázia nem feltétlenül akarja az ebből eredő harcokat és veszélyeket

They desire the existing state of society, minus its revolutionary and disintegrating elements

A társadalom fennálló állapotát akarják, leszámítva annak forradalmi és bomlasztó elemeit

in other words, they wish for a Bourgeoisie without a proletariat

más szóval, proletariátus nélküli burzsoáziát akarnak

The Bourgeoisie naturally conceives the world in which it is supreme to be the best

A burzsoázia természetszerűleg úgy képzeli el azt a világot, amelyben a legjobbnak lenni a legfőbb

and Bourgeoisie Socialism develops this comfortable conception into various more or less complete systems

és a burzsoázia szocializmusa ezt a kényelmes felfogást különböző, többé-kevésbé teljes rendszerré fejleszti

they would very much like the proletariat to march straightway into the social New Jerusalem

nagyon szeretnék, ha a proletariátus egyenesen a szociális Új Jeruzsálembe vonulna

but in reality it requires the proletariat to remain within the bounds of existing society

De valójában megköveteli, hogy a proletariátus a fennálló társadalom határain belül maradjon

they ask the proletariat to cast away all their hateful ideas concerning the Bourgeoisie

arra kérik a proletariátust, hogy vesse el a burzsoáziával kapcsolatos minden gyűlöletes eszméjüket

there is a second more practical, but less systematic, form of this Socialism

ennek a szocializmusnak van egy második, gyakorlatiasabb, de kevésbé szisztematikus formája is

this form of socialism sought to depreciate every revolutionary movement in the eyes of the working class

A szocializmusnak ez a formája arra törekedett, hogy leértékeljen minden forradalmi mozgalmat a munkásosztály szemében

they argue no mere political reform could be of any advantage to them

Azzal érvelnek, hogy a puszta politikai reform semmilyen előnnyel nem járhat számukra

only a change in the material conditions of existence in economic relations are of benefit

Csak a gazdasági viszonyok anyagi létfeltételeinek megváltozása előnyös

like communism, this form of socialism advocates for a change in the material conditions of existence

A kommunizmushoz hasonlóan a szocializmusnak ez a formája is a lét anyagi feltételeinek megváltoztatását szorgalmazza

however, this form of socialism by no means suggests the abolition of the Bourgeoisie relations of production

a szocializmusnak ez a formája azonban semmi esetre sem jelenti a burzsoázia termelési viszonyainak megszüntetését

the abolition of the Bourgeoisie relations of production can only be achieved through a revolution

a burzsoázia termelési viszonyainak megszüntetése csak
forradalommal érhető el
**but instead of a revolution, this form of socialism suggests
administrative reforms**
De forradalom helyett a szocializmusnak ez a formája
adminisztratív reformokat javasol
**and these administrative reforms would be based on the
continued existence of these relations**
és ezek az igazgatási reformok e kapcsolatok folyamatos
fennállásán alapulnának
**reforms, therefore, that in no respect affect the relations
between capital and labour**
ezért olyan reformok, amelyek semmilyen tekintetben nem
érintik a tőke és a munka közötti kapcsolatokat
**at best, such reforms lessen the cost and simplify the
administrative work of Bourgeoisie government**
az ilyen reformok legjobb esetben is csökkentik a burzsoázia
kormányának költségeit és egyszerűsítik adminisztratív
munkáját
**Bourgeois Socialism attains adequate expression, when, and
only when, it becomes a mere figure of speech**
A burzsoá szocializmus akkor és csak akkor jut megfelelő
kifejezésre, amikor puszta beszédformává válik
Free trade: for the benefit of the working class
Szabad kereskedelem: a munkásosztály javára
Protective duties: for the benefit of the working class
Védelmi feladatok: a munkásosztály javára
Prison Reform: for the benefit of the working class
Börtönreform: a munkásosztály javára
**This is the last word and the only seriously meant word of
Bourgeoisie Socialism**
Ez a burzsoázia szocializmusának utolsó szava és egyetlen
komolyan gondolt szava
**It is summed up in the phrase: the Bourgeoisie is a
Bourgeoisie for the benefit of the working class**

Ezt a következő mondat foglalja össze: a burzsoázia burzsoázia a munkásosztály javára

3) Critical-Utopian Socialism and Communism
3) Kritikai-utópisztikus szocializmus és kommunizmus

We do not here refer to that literature which has always given voice to the demands of the proletariat
Itt nem arról az irodalomról van szó, amely mindig hangot adott a proletariátus követeléseinek
this has been present in every great modern revolution, such as the writings of Babeuf and others
ez jelen volt minden nagy modern forradalomban, például Babeuf és mások írásaiban
The first direct attempts of the proletariat to attain its own ends necessarily failed
A proletariátus első közvetlen kísérletei saját céljainak elérésére szükségszerűen kudarcot vallottak
these attempts were made in times of universal excitement, when feudal society was being overthrown
Ezeket a kísérleteket az egyetemes izgalom idején tették, amikor a feudális társadalmat megdöntötték
the then undeveloped state of the proletariat led to those attempts failing
A proletariátus akkori fejletlen állapota vezetett e kísérletek kudarcához
and they failed due to the absence of the economic conditions for its emancipation
és kudarcot vallottak az emancipáció gazdasági feltételeinek hiánya miatt
conditions that had yet to be produced, and could be produced by the impending Bourgeoisie epoch alone

olyan állapotok, amelyeket még létre kell hozni, és amelyeket egyedül a közelgő burzsoázia korszaka hozhat létre

The revolutionary literature that accompanied these first movements of the proletariat had necessarily a reactionary character

A forradalmi irodalom, amely a proletariátus első mozgalmait kísérte, szükségszerűen reakciós jellegű volt

This literature inculcated universal asceticism and social levelling in its crudest form

Ez az irodalom az egyetemes aszketizmust és a társadalmi szintezést a legdurvább formájában nevelte

The Socialist and Communist systems, properly so called, spring into existence in the early undeveloped period

A szocialista és kommunista rendszerek, helyesen úgynevezett, a korai, fejletlen időszakban jöttek létre

Saint-Simon, Fourier, Owen and others, described the struggle between proletariat and Bourgeoisie (see Section 1)

Saint-Simon, Fourier, Owen és mások leírták a proletariátus és a burzsoázia közötti harcot (lásd 1. fejezet)

The founders of these systems see, indeed, the class antagonisms

E rendszerek alapítói valóban látják az osztályellentéteket

they also see the action of the decomposing elements, in the prevailing form of society

Látják a bomló elemek tevékenységét is az uralkodó társadalmi formában

But the proletariat, as yet in its infancy, offers to them the spectacle of a class without any historical initiative

De a proletariátus, amely még gyerekcipőben jár, egy történelmi kezdeményezés nélküli osztály látványát kínálja nekik

they see the spectacle of a social class without any independent political movement

Egy független politikai mozgalom nélküli társadalmi osztály látványát látják

**the development of class antagonism keeps even pace with
the development of industry**

Az osztályellentétek kialakulása lépést tart az ipar fejlődésével

**so the economic situation does not as yet offer to them the
material conditions for the emancipation of the proletariat**

Tehát a gazdasági helyzet még nem biztosítja számukra a
proletariátus felszabadításának anyagi feltételeit

**They therefore search after a new social science, after new
social laws, that are to create these conditions**

Ezért új társadalomtudományt, új társadalmi törvényeket
keresnek, amelyek megteremtik ezeket a feltételeket

historical action is to yield to their personal inventive action

A történelmi cselekvés az, hogy engedjenek személyes
feltalálói cselekedeteiknek

**historically created conditions of emancipation are to yield
to fantastic conditions**

Az emancipáció történelmileg teremtett feltételei fantasztikus
körülményeknek engednek

**and the gradual, spontaneous class-organisation of the
proletariat is to yield to the organisation of society**

és a proletariátus fokozatos, spontán osztályszerveződése azt
jelenti, hogy enged a társadalom szervezésének

**the organisation of society specially contrived by these
inventors**

a társadalom szervezete, amelyet ezek a feltalálók kifejezetten
kitaláltak

**Future history resolves itself, in their eyes, into the
propaganda and the practical carrying out of their social
plans**

A jövő történelme az ő szemükben a propagandában és
társadalmi terveik gyakorlati megvalósításában oldódik fel

**In the formation of their plans they are conscious of caring
chiefly for the interests of the working class**

Terveik kialakításakor tudatában vannak annak, hogy
elsősorban a munkásosztály érdekeit tartják szem előtt

Only from the point of view of being the most suffering class does the proletariat exist for them

Csak abból a szempontból létezik számukra a proletariátus, hogy ők a legszenvedőbb osztály

The undeveloped state of the class struggle and their own surroundings inform their opinions

Az osztályharc fejletlen állapota és saját környezetük határozza meg véleményüket

Socialists of this kind consider themselves far superior to all class antagonisms

Az ilyen szocialisták sokkal felsőbbrendűnek tartják magukat minden osztályellentétnél

They want to improve the condition of every member of society, even that of the most favoured

A társadalom minden tagjának helyzetét javítani akarják, még a leghátrányosabb helyzetűekét is

Hence, they habitually appeal to society at large, without distinction of class

Ezért rendszerint a társadalom egészéhez szólnak, osztálymegkülönböztetés nélkül

nay, they appeal to society at large by preference to the ruling class

sőt, az uralkodó osztállyal szemben a társadalom egészét szólítják meg

to them, all it requires is for others to understand their system

Számukra csak arra van szükség, hogy mások megértsék a rendszerüket

because how can people fail to see that the best possible plan is for the best possible state of society?

Mert hogyan ne látnák az emberek, hogy a lehető legjobb terv a társadalom lehető legjobb állapotát szolgálja?

Hence, they reject all political, and especially all revolutionary, action

Ezért elutasítanak minden politikai, és különösen minden forradalmi akciót

they wish to attain their ends by peaceful means

céljaikat békés eszközökkel kívánják elérni

they endeavour, by small experiments, which are necessarily doomed to failure

Kis kísérletekkel próbálkoznak, amelyek szükségszerűen kudarcra vannak ítélve

and by the force of example they try to pave the way for the new social Gospel

és a példa erejével igyekeznek kikövezni az utat az új szociális evangélium számára

Such fantastic pictures of future society, painted at a time when the proletariat is still in a very undeveloped state

Ilyen fantasztikus képek a jövő társadalmáról, amikor a proletariátus még mindig nagyon fejletlen állapotban van

and it still has but a fantastical conception of its own position

És még mindig csak fantasztikus elképzelése van saját helyzetéről

but their first instinctive yearnings correspond with the yearnings of the proletariat

De első ösztönös sóvárgásuk megfelel a proletariátus vágyainak

both yearn for a general reconstruction of society

Mindketten a társadalom általános újjáépítésére vágynak

But these Socialist and Communist publications also contain a critical element

De ezek a szocialista és kommunista kiadványok kritikai elemet is tartalmaznak

They attack every principle of existing society

A létező társadalom minden elvét támadják

Hence they are full of the most valuable materials for the enlightenment of the working class

Ezért tele vannak a munkásosztály felvilágosításának legértékesebb anyagaival

they propose abolition of the distinction between town and country, and the family

Azt javasolják, hogy töröljék el a város és a falu, valamint a család közötti megkülönböztetést

the abolition of the carrying on of industries for the account of private individuals

a magánszemélyek javára végzett iparágak megszüntetése;

and the abolition of the wage system and the proclamation of social harmony

valamint a bérrendszer eltörlése és a társadalmi harmónia hirdetése

the conversion of the functions of the State into a mere superintendence of production

az állami funkciók puszta termelési felügyeletté alakítása

all these proposals, point solely to the disappearance of class antagonisms

Mindezek a javaslatok kizárólag az osztályellentétek eltűnésére mutatnak rá

class antagonisms were, at that time, only just cropping up

Az osztályellentétek abban az időben még csak most jelentek meg

in these publications these class antagonisms are recognised in their earliest, indistinct and undefined forms only

Ezekben a kiadványokban ezeket az osztályellentéteket csak legkorábbi, homályos és meghatározatlan formájukban ismerik fel

These proposals, therefore, are of a purely Utopian character

Ezek a javaslatok tehát tisztán utópisztikus jellegűek

The significance of Critical-Utopian Socialism and Communism bears an inverse relation to historical development

A kritikai-utópisztikus szocializmus és kommunizmus jelentősége fordított kapcsolatban áll a történelmi fejlődéssel

the modern class struggle will develop and continue to take definite shape

A modern osztályharc ki fog fejlődni és továbbra is határozott formát ölt

this fantastic standing from the contest will lose all practical value

Ez a fantasztikus kiállás a versenyből elveszíti minden gyakorlati értékét

these fantastic attacks on class antagonisms will lose all theoretical justification

Ezek az osztályellentétek elleni fantasztikus támadások elveszítik minden elméleti igazolásukat

the originators of these systems were, in many respects, revolutionary

E rendszerek megalkotói sok tekintetben forradalmiak voltak

but their disciples have, in every case, formed mere reactionary sects

De tanítványaik minden esetben pusztán reakciós szektákat hoztak létre

They hold tightly to the original views of their masters

Szorosan ragaszkodnak mestereik eredeti nézeteihez

but these views are in opposition to the progressive historical development of the proletariat

De ezek a nézetek ellentétben állnak a proletariátus fokozatos történelmi fejlődésével

They, therefore, endeavour, and that consistently, to deaden the class struggle

Ezért arra törekszenek, mégpedig következetesen, hogy eltompítsák az osztályharcot

and they consistently endeavour to reconcile the class antagonisms

és következetesen törekednek az osztályellentétek kibékítésére

They still dream of experimental realisation of their social Utopias

Még mindig társadalmi utópiáik kísérleti megvalósításáról álmodoznak

they still dream of founding isolated "phalansteres" and establishing "Home Colonies"

még mindig arról álmodoznak, hogy elszigetelt
"falansztereket" alapítanak és "otthoni kolóniákat" hoznak
létre
**they dream of setting up a "Little Icaria"—duodecimo
editions of the New Jerusalem**
arról álmodoznak, hogy létrehoznak egy "Kis Ikáriát" — az Új
Jeruzsálem duodecimo kiadásait
and they dream to realise all these castles in the air
És arról álmodoznak, hogy megvalósítják ezeket a kastélyokat
a levegőben
**they are compelled to appeal to the feelings and purses of
the bourgeois**
kénytelenek a burzsoá érzéseire és pénztárcájára apellálni
**By degrees they sink into the category of the reactionary
conservative Socialists depicted above**
Fokról fokra süllyednek a fent ábrázolt reakciós konzervatív
szocialisták kategóriájába
they differ from these only by more systematic pedantry
Ezektől csak a szisztematikusabb pedantériában különböznek
**and they differ by their fanatical and superstitious belief in
the miraculous effects of their social science**
és abban különböznek, hogy fanatikus és babonás hitük van a
társadalomtudományuk csodás hatásaiban
**They, therefore, violently oppose all political action on the
part of the working class**
Ezért hevesen ellenzik a munkásosztály minden politikai
akcióját
**such action, according to them, can only result from blind
unbelief in the new Gospel**
szerintük az ilyen cselekedet csak az új evangéliumba vetett
vak hitetlenségből eredhet
**The Owenites in England, and the Fourierists in France,
respectively, oppose the Chartists and the "Réformistes"**
Az oweniták Angliában és a fourieristák Franciaországban
ellenzik a chartistákat és a "réformistákat"

Position of the Communists in Relation to the Various Existing Opposision Parties

A kommunisták helyzete a különböző létező ellenzéki pártokkal szemben

Section II has made clear the relations of the Communists to the existing working-class parties

A II. cikkely világossá tette a kommunisták viszonyát a létező munkáspártokhoz

such as the Chartists in England, and the Agrarian Reformers in America

mint például a chartisták Angliában és az agrárreformerek Amerikában

The Communists fight for the attainment of the immediate aims

A kommunisták a közvetlen célok eléréséért harcolnak

they fight for the enforcement of the momentary interests of the working class

harcolnak a munkásosztály pillanatnyi érdekeinek érvényesítéséért

but in the political movement of the present, they also represent and take care of the future of that movement

De a jelen politikai mozgalmában ők képviselik és gondoskodnak annak a mozgalomnak a jövőjéről is

In France the Communists ally themselves with the Social-Democrats

Franciaországban a kommunisták szövetkeznek a szociáldemokratákkal

and they position themselves against the conservative and radical Bourgeoisie

és a konzervatív és radikális burzsoáziával szemben pozicionálják magukat

however, they reserve the right to take up a critical position in regard to phrases and illusions traditionally handed down from the great Revolution

azonban fenntartják maguknak a jogot, hogy kritikus
álláspontot foglaljanak el a nagy forradalomból
hagyományosan ránk hagyományozott frázisokkal és
illúziókkal szemben

**In Switzerland they support the Radicals, without losing
sight of the fact that this party consists of antagonistic
elements**

Svájcban a radikálisokat támogatják, anélkül, hogy szem elől
tévesztenék azt a tényt, hogy ez a párt antagonisztikus
elemekből áll

**partly of Democratic Socialists, in the French sense, partly of
radical Bourgeoisie**

részben francia értelemben vett demokratikus szocialistáké,
részben radikális burzsoáziáé

**In Poland they support the party that insists on an agrarian
revolution as the prime condition for national emancipation**

Lengyelországban azt a pártot támogatják, amely ragaszkodik
az agrárforradalomhoz, mint a nemzeti emancipáció
elsődleges feltételéhez

**that party which fomented the insurrection of Cracow in
1846**

az a párt, amely 1846-ban kirobbantotta a krakkói felkelést

**In Germany they fight with the Bourgeoisie whenever it acts
in a revolutionary way**

Németországban harcolnak a burzsoáziával, valahányszor az
forradalmi módon cselekszik

**against the absolute monarchy, the feudal squirearchy, and
the petty Bourgeoisie**

az abszolút monarchia, a feudális mókusok és a kispolgárság
ellen

**But they never cease, for a single instant, to instil into the
working class one particular idea**

De soha egyetlen pillanatra sem szűnnek meg egy bizonyos
eszmét csepegtetni a munkásosztályba

**the clearest possible recognition of the hostile antagonism
between Bourgeoisie and proletariat**

a burzsoázia és a proletariátus közötti ellenséges ellentét
lehető legvilágosabb felismerése
**so that the German workers may straightaway use the
weapons at their disposal**
hogy a német munkások azonnal használhassák a
rendelkezésükre álló fegyvereket
**the social and political conditions that the Bourgeoisie must
necessarily introduce along with its supremacy**
azokat a társadalmi és politikai feltételeket, amelyeket a
burzsoáziának szükségszerűen be kell vezetnie
felsőbbrendűségével együtt
the fall of the reactionary classes in Germany is inevitable
a reakciós osztályok bukása Németországban elkerülhetetlen
**and then the fight against the Bourgeoisie itself may
immediately begin**
és akkor azonnal megkezdődhet a burzsoázia elleni harc
**The Communists turn their attention chiefly to Germany,
because that country is on the eve of a Bourgeoisie
revolution**
A kommunisták figyelme elsősorban Németországra irányul,
mert ez az ország a burzsoázia forradalmának előestéjén áll
**a revolution that is bound to be carried out under more
advanced conditions of European civilisation**
olyan forradalom, amelyet az európai civilizáció fejlettebb
körülményei között kell végrehajtani
**and it is bound to be carried out with a much more
developed proletariat**
és ezt egy sokkal fejlettebb proletariátussal kell végrehajtani
**a proletariat more advanced than that of England was in the
seventeenth, and of France in the eighteenth century**
a tizenhetedik században Angliánál, a tizennyolcadik
században pedig Franciaországnál fejlettebb proletariátus volt
**and because the Bourgeoisie revolution in Germany will be
but the prelude to an immediately following proletarian
revolution**

és mert a burzsoázia forradalma Németországban csak
előjátéka lesz a közvetlenül utána következő
proletárforradalomnak

**In short, the Communists everywhere support every
revolutionary movement against the existing social and
political order of things**

Röviden, a kommunisták mindenütt támogatnak minden
forradalmi mozgalmat a dolgok fennálló társadalmi és
politikai rendje ellen

**In all these movements they bring to the front, as the leading
question in each, the property question**

Mindezekben a mozgalmakban előtérbe helyezik, mint vezető
kérdést, a tulajdonkérdést

**no matter what its degree of development is in that country
at the time**

függetlenül attól, hogy milyen fejlettségi fokú az adott
országban abban az időben

**Finally, they labour everywhere for the union and
agreement of the democratic parties of all countries**

Végül mindenütt az összes ország demokratikus pártjainak
uniójáért és egyetértéséért dolgoznak

The Communists disdain to conceal their views and aims

A kommunisták megvetik nézeteiket és céljaikat

**They openly declare that their ends can be attained only by
the forcible overthrow of all existing social conditions**

Nyíltan kijelentik, hogy céljaikat csak az összes fennálló
társadalmi feltétel erőszakos megdöntésével érhetik el

Let the ruling classes tremble at a Communistic revolution

Reszkessenek az uralkodó osztályok a kommunista
forradalomtól

The proletarians have nothing to lose but their chains

A proletároknak nincs vesztenivalójuk, csak láncaik

They have a world to win

Van egy világuk, amit meg kell nyerniük

WORKING MEN OF ALL COUNTRIES, UNITE!
MINDEN ORSZÁG DOLGOZÓI, EGYESÜLJETEK!